珍藏本·增订本

纪念版

汉译世界学术名著丛书

1914年以后的货币与外汇

〔瑞典〕古斯塔夫·卡塞尔 著

姜井勇 译

SINCE 1897 商务印书馆 The Commercial Press

Gustav Cassel

MONEY AND FOREIGN EXCHANGE AFTER 1914

本书根据 Macmillan Company1922 年版译出

汉译世界学术名著丛书
（120 年纪念版·珍藏本）
增订本出版说明

2017 年 10 月，为纪念商务印书馆创立 120 周年，本馆推出“汉译世界学术名著丛书”（120 年纪念版·珍藏本），计七百种。近五六年来，仰赖学界同人倾力支持，订正旧译，增补新译，拓展新著，积累日多。为满足读者需要，本馆在七百种的基础上，继续推出“汉译世界学术名著丛书”（120 年纪念版·珍藏本·增订本）三百种。至此，“汉译世界学术名著丛书”累计出版已达千种。

今后，本馆将继续推进丛书的翻译出版工作，在积累单本名著的基础上陆续分辑刊行，汇印出版。为促进中外文明互鉴、推动我国学术发展，使“汉译世界学术名著丛书”这项对我国学术文化有基本建设意义的重大工程发挥更大作用，诚望海内外学术界、翻译界继续给予支持，帮助我们把这套丛书出得更好。

商务印书馆编辑部

2024 年 2 月

汉译世界学术名著丛书
（120 年纪念版·珍藏本）
出 版 说 明

2017 年 2 月 11 日，商务印书馆迎来 120 岁的生日。120 年前，商务印书馆前贤怀揣文化救国的理想，抱持“昌明教育，开启民智”的使命，立足本土，放眼寰宇，以出版为津梁，沟通中西，为中国、为世界提供最富智慧的思想文化成果。无论世事白云苍狗，潮流左右激荡，甚至战火硝烟弥漫，始终践行学术报国之志，无改初心。

迻译世界各国学术名著，即其一端。早在 20 世纪初年便出版《原富》《天演论》等影响至今的代表性著作，1950 年代后更致力于外国哲学和社会科学经典的译介，及至 1980 年代，辑为“汉译世界学术名著丛书”，汇涓为流，蔚为大观。丛书自 1981 年开始出版，历时三十余年，迄今已推出七百种，是我国现代出版史上规模最大、最为重要的学术翻译工程。

丛书所选之书，立场观点不囿于一派，学科领域不限于一门，皆为文明开启以来，各时代、各国家、各民族的思想与文化精粹，代表着人类已经到达过的精神境界。丛书系统译介世界学术经典，引领时代思想，为本土原创学术的发展提供丰富的文化滋养，为推动中国现代学术和现代化进程做出了突出的贡献。

为纪念商务印书馆成立120周年，我们整体推出“汉译世界学术名著丛书”120年纪念版的珍藏本，寄望既利于文化积累，又便于研读查考，同时向长期支持丛书出版的译者、编者和读者致以敬意。

两甲子后的今天，商务印书馆又站在了一个新的历史时间节点上。我们不仅要铭记先辈的身影和足迹，更须让我们的步伐充满新的时代精神。这是商务人代代相传的事业，更是与国家和民族的命运始终紧密相连的事业。我们责无旁贷，必须做好我们这代人的传承与创造，让我们的努力和成果不仅凝聚成民族文化的记忆，还能成为后来人可以接续的事业。唯此，才能不负前贤，无愧来者。

商务印书馆编辑部

2017年10月

目　录

前　　言

在本书中，我试图提出一种对世界大战爆发直到目前为止世界货币体系偶发事件的连贯明了的解释。

在我提交给国联的两份备忘录中，我努力对世界货币问题给出一种分析，如其本身在一年后召开的布鲁塞尔会议上所呈现的那样。然而，这些备忘录专为一个狭窄的专家圈子写就，因此多少有点只关注于形式问题。为了满足更广泛的公众，对该问题进行更宽泛的描述是可取的，把更多关注放在那些逐渐导致一种使恢复稳健的货币体系目前已被采纳的状态的事态发展上，也是尤为可取的。对一切未来时代而言，我们现今所生活和经历的时期将会成为货币史上最重要的章节，而且它也将为研究一项被误导的货币政策之影响问题提供可资利用的最丰富的素材。故此，本具备上述特征的著作无疑须完成一项艰巨的任务。仅这项任务本身就涵盖了如此众多的维度，以致凭个人一己之力永远不能满足其所产生的各种需求。

我对伦纳德·巴克纳尔·艾尔（Leonard Buoknall Eyre）先生（剑桥大学冈维尔与凯斯学院文学学士）不胜感激，他在我准备

本书的英文版中给了我极其宝贵的帮助。

古斯塔夫·卡塞尔

1922 年 3 月，于什霍尔姆

1. 金本位制的废除

世界大战爆发后不久，金融界发生的第一件事是原有的金本位制遭到了废弃——这不仅发生在交战国，也发生在大多数中立国。美国卷入战争后，旋即在国内采取了相应的步骤。认识到这个事实对正确理解此后发生的一切而言，有着根本性的重要意义。自战争爆发那刻起，各种通货便大体上被视作自由的纸币，因此不受任何金属之限制，进而彼此间毫无关联。只有一开始就意识到一种自由通货体系的经济理论，才能有望就随后发展之本质要点提供一幅真实而直观的图景。因此，头等重要的是认识到以下这点，即一种纯粹纸币的货币单位价值显然只能基于将其作为支付手段之国家的纸币供给的稀缺性，故而在金本位制作废的情形下，对该通货价值的责任只应由决定这种支付手段供给的人们承担。

当我说金本位制遭废弃时，我指的是一种确凿的事实。人们到处都在试图尽可能地避开金本位制的形式，因此断言金本位制并未遭废弃——甚至还在流行——似乎具有一定的合理性。但是从经济学的观点来看，这毫无意义。经济学只需要推断事实。当金本位制的必要条件不存在时，从经济学角度来看，金本位制便已被废除。事实上，一个实行金本位制的国家，意味着其通货以一个固定的价值比例被绑定在金属黄金上，因而该国通货的黄金价格是固定的;当然,这并不是绝对的,其也会在狭窄的范围内发生变动。只要其他形式的通货在该国有效,它就必须能被明确无误地兑换成金币(或以某种比例被兑换成一定重量的黄金)。但这并不足以维持通货和黄金之间的固定平价。若金本位制行之有效,则人们必定能拿一定数量的黄金(存放在本国或他国)兑换一定数量的本国通货;反之亦然,一定数量的通货必定能兑换相应数量的可自由处置的黄金。这需要两个保障条件:首先,黄金持有人必须有自由输入黄金和自由铸币的权利;其次,该国金币持有人必须有自由输出黄金和自由熔铸金币的权利。当然,除此之外,该国的铸币必须是足值的。正因如此,铸币法一般都特别强调要为流通中的铸币成色提供发行担保。但除非上述两个更根本的保障条件得到完全满足,否则这些担保将毫无价值。

但截至目前,所有这些保障条件在战争期间均已遭违反,特别是可用一定数量的通货兑换一定数量可自由处置黄金的权利,在战争爆发后不久便大体上被迫取消。这是由纸币兑换的暂缓实行还是黄金处置权的废除所致,并不是关键——事实上,两种情况都会导致金本位制被废弃。若人们放弃输出和熔铸黄金的权利,则除了充当本国铸币外,黄金将丧失其全部有用性,而通货和黄金之间的可兑换性也将形同虚设。在这一点上,战争期间丹麦的纸币兑换条件尤其引人注目。在该国 1919 年 7 月 31 日的《国民银行报告》中,有如下陈述:“自 1916 年 3 月起,拒绝以黄金兑换纸币的权利并未得到行使,如果没有理由相信黄金的非法输出会得到严肃考虑;且根据一份注明日期为 1919 年 7 月 30 日的《皇室法令》,其主张金币兑换可能会被拒绝,如果银行认定黄金将不会以违背丹麦货币制度利益的方式使用的足够保证并未得到及时提供。”人们能够更轻松地克服这一困难，如英国长期以来所做的那样，并不需通过引进（即使形式上的）一项黄金输出禁令，而只要切实阻止任何形式的会造成不便利的输出即可。但这种方法并未带来多大改观，从经济学角度来看，无论如何金本位制已不复存在。

金本位制随着战争爆发而突告瓦解的最直接原因，是中央银行竭力保持黄金储备不受外界影响的愿望。战争早期支配着整个世界的关于未来的极端不确定性，本就很可能导致对作为一种财富储存手段和支付手段（特别是对他国）的黄金的需求出现急剧上升。因此，若中央银行继续以黄金兑换纸币和其他债券，它们必须预料到其黄金遭迅速掠夺的可能性。普遍认为，黄金现金储备的亏空——甚或只是大幅下降——将严重影响公众对央行纸币发行的一般信心，进而影响人们对国家通货未来的信心。事实上，作为一项通则，中央银行必然合法地持有一定数量的黄金，以用于兑换其所发行的纸币；黄金储备的大量流失无疑关系到这项责任的疏忽，故而必须予以阻止。

因此从一开始，维持黄金储备就成了一个至关重要的因素，而保护通货本身却几乎遭到了完全忽视。长期以来，银行法将其关注点集中在了这种与黄金储备相关的法规保障上，而一代代民众却从小到大被灌输以“黄金储备总是必不可少”的观念。这种对枝节问题的注意力分散，如今已严重到成了货币政策的决定性因素之一。黄金储备确应充当对纸币兑换的一种保证，然而一旦有可能出现相当大规模兑换需求的迹象，对黄金储备问题的关注就成了一个主导性因素，以致最终成了任一纸币进行任何兑换的重大障碍。人们对有关黄金储备的法律规定遵守无误，但这些规定的真正目的——维持纸币的兑换能力——却遭到了忽视，法律针对纸币兑换责任作出的最明确规定也被搁置一边。

这种盲目把黄金储备当作一种目的本身来崇拜的做法从那时起就沿袭下来，且事实上在相当大的程度上至今犹存。中央银行应尽可能向外显示最佳实力的事实已经得到大力强调。对实现该目标的追求，促成了一系列将国家现有的全部黄金收归央行金库的尝试。因此，这些黄金储备被公布在统计报告上，甚至被拿来向参观者炫耀——所有这些诚挚的努力都是为了激发公众形成如下观念，即金库里的黄金能以某种神秘的方式给流通中的纸币注输价值。当然，通货价值必然取决于流通中的纸币数量这一事实，在纸币数量恰巧处于稳定增加时期会带来一些颇为棘手的问题。在德国，黄金通过类似于某种爱国主义捐赠大会的有组织计划来收集，但其目的本身却表现出几乎不与民众强烈而高尚的为国牺牲的愿望相符。另一方面，用这种方法收集黄金虽然可笑，但协约国内部却很快采取了相同的措施，呼吁其民众为了本国通货更加强大而不惜牺牲一切。但奇怪的是，本国通货并未以这种方式变得更加强大，而是不可避免地发生了同纸币大量增发相当的贬值，与黄金储备几无任何关联。

之后，随着金本位制的废除，一种纯粹的纸币本位制得以采纳，此时货币价值完全由纸币本位制国家所认可的充当支付手段的通货的稀缺性决定。在金本位制下，除了作为国家法定货币的事实外，纸币同时也是一种债券，其价值可能取决于发行人的财务状况。但是，当金本位制不复存在时，纸币只不过是一种支付手段，故而其价值只能取决于其稀缺性。因此，纸币即将担负的新角色是金本位制崩溃的结果——一个公众几乎尚未完全熟悉的事实。人们竭力坚持纸币迟早能恢复其以往价值的想法，且极不情愿认同不可兑换纸币的价值可能会无限贬值（假定其数量增加到足够多）的观念。人们固执地坚持把纸币视为债务承诺，并将黄金储备看作这些债务的最后保障，这样做也就赋予了后者其本身已不再具备的重要性。

由于当局把大量的兴趣放在国家通货的外在方面，它们显然极不愿意承认金本位制已被废除。事实上，了解任何国家是否做出过任何关于这一事实的官方承认都将颇为有趣！因而，尽管金本位制实际上被废除已是事实，各项货币法律仍不得不继续生效，后来其成了在某些情况下采取一项明智的货币政策的重大障碍。这一障碍在那些通过货币联盟捆绑在一起的国家表现得尤为突出。名义上看来，即使保留货币联盟的任何正当理由已不存在，且对未来恢复这样一个货币联盟的所有合理预期皆破灭之后，它们仍须保持稳定如初。特别是，瑞典和瑞士曾因两国货币情况之间的这种内在矛盾而遭受极大的不便。

随着金本位制的废除，为了不让公众意识到究竟发生了什么，并使公众难以对管理部门保护本国通货的方式提出批评，在战争期间和战争结束之后，各国政府和央行开始了长期不懈的努力。对事件发生的灾难性进程的责任绝不被允许指向管理部门。管理部门的立场被尽可能地抹上各种绚丽的色彩，极具灾难性的后果——它们自然不可能缓慢产生——被尽可能久地推给其他人。这种目的渗透于整个世界的货币政策中，不仅在战争期间，即使后来也太过明显。这与掌权者利用一切他们能自主支配的资源所竭力维持的立场——科学活动本应沿循一种和真实事态更相一致的方式展开——是相违背的。

尽管存在各方面的反对意见，现实情况却使这种观点逐步站稳了脚跟。货币单位价值的下跌如此之快，以致官方谎言很难有持续任何一段时间的余地，而从后来的事态发展来看，许多早先的官方说教也被证明具有一种甚至其最狂热的支持者可能都不愿意拥护的特征。但是，由世界大战促成的对货币问题彻底清楚的认识，要到官方对事件的解释被一点一点地证明有误，且当局试图尽可能久地灌输给民众的所有错觉均真相大白后才能获得。因此，解决货币问题的首要步骤是，使公众学会意识到金本位制事实上已因战争爆发不久后所采取的一系列措施而被废除。

2. 人为购买力的创造

对交战国而言，从第一刻起便以最大可能的力量进行战争，向来被视为一个最高原则问题。为此，必须不惜一切代价获取金钱。通常，依靠税收手段为继续战争筹措资金，至少在开始时毫无可能。若税收收入显示足以应付普通的国家支出，则人们应当感到欣慰。一般而言，直接税在很大程度上必须被取消，或者它们的支付必须被延迟，而由于不可能把商品输入本国或以正常规模在本国生产征税商品，得自间接税（尤其是关税）的收入也会减少。事实上，不能指望从一开始就发行一种真正意义上的公债。它需要大量的准备工作，而且即使这些准备工作也应提前做好；此外，由战争动员所导致的令人震惊的经济混乱，必须在人们期望任何可观的公债获得成功发行之前，以某种方式被克服。黄金基金的积累数量可构成战争第一阶段融资基础的旧理论，显然已被世界大战的现实经历所推翻。

但是，购买力必须交由政府支配这一点在现代社会总是可以立刻做到，而且可以在一个不受限制的程度上通过增加银行通货，即纸币或支票账户余额实现。国家发行短期国库券，并把它们拿到中央银行或其他银行贴现，就此为其签发付款订单或直接获得纸币创造了平衡。问题由此得以解决。这种解决方法过于简单，任何人都不可能不加以利用；事实上，所有交战国均免不了利用该方法为战争筹措资金。尽管其形式可能根据各国履行付款的方式不同而有别，但主要因素仍然万变不离其宗。不管发生了什么，为满足战争直接需求的人为购买力的创造始终存在。

随后，当获取特殊贷款成为可能时，流动债务到那时通常已增至一个如此庞大的数额，以至于这些贷款主要被用作减少流动债务之需。公众此前所持有的短期国库券换成了国债券，一直以颇为庞大的数量积攒在私人口袋里的纸币被迫上缴，私人的银行存款余额也出现缩减。这样，人为购买力的创造在一段时期内得以避免。但是，战争持续越久，这段时期就越短。很快，人们又必须继续印发新的银行通货来满足本国的日常需求。

此外，即使借贷过程本身，在很大程度上通常也以银行的协助为基础。公债的私人认购者受爱国主义驱使，或者只是受外部压力驱使，认购了超出他们的可得储蓄所能承担的数额。在最有利的情况下，认购数额通过须在随后一年或几年内得到节省的资金支付。与此同时，不管国家是否设法获得当时只是一种人为创造的购买力，银行都必须施以援手。对于银行信贷的这种利用方法，认购者受到了后来国债券可在中央银行以一个特别低的贴现率贴现这一事实的鼓舞。但这样的后果是，银行被迫承担了规模庞大的国债，以致不可能对公众的信贷需求进行任何合理的限制。这种情形——其重要性将在后面得到进一步解释——在到处都曾是一种突出的情形，但或许可通过对美国战时财政的研究得到最佳证实。

因此通过这种方式，人为购买力的创造成了一个连续的过程，即使可能是一个伴随越来越短暂的中断的连续过程。这种融资方法的适用范围几乎不能被直接确定，而必须根据它的影响来判断。这些将在随后的段落中得到更仔细的研究。

一种人为购买力的实际创造就其本身而言会导致通货的稀释。术语通货膨胀所表示的正是这一过程。对 1914 年以后货币发展的整个研究，在很大程度上即是对这种通货膨胀及其含义和影响的研究。这样给出的定义虽足以概括通货膨胀的本质特征，但为了能在算术基础上测量通货膨胀，人们将发现有必要在下文给出一个关于该术语的更确切的定义。

创造一种人为购买力的过程很快从交战国传到了中立国。最直接的原因——在中立国的情况下也一样——是国家财政的需要。在战争早期保持中立需要相当大的支出，但是后来出现了社会政治方面的权利主张，它们给国家财政造成了异常沉重的负担。交战国的例子和它们的融资方法被证明颇具感染力，社会上弥漫着一股只要存在创造货币的意愿，货币总是能够获得的情绪。这种思维方式，比其他任何因素更有过之且不可救药地导致未能出现对国家行政部门不断增加的奢侈作风的任何反对。

人为购买力在中立国得以创造的第二个主要原因是交战国的信贷需求。人们不难想象，根据能力和时机来限制这种信贷授予本该是中立国的一种选项。但实际上却并非如此，相反，它们授予交战国的信贷远远超过了后者可用资金所允许的数量，这一事实主要由中立国想维持它们的出口利益所致。对交战国而言，买得到但它们的支付能力有限是一个生死攸关的问题。因此，只要中立国希望能尽量维持它们的出口，它们就必须允许赊欠；另一方面，倘若信贷能以一个足够大的规模被授予，它们的商品的销售范围将几乎不受限制。人们可以把这种信贷授予分成三个不同的阶段。在早期阶段，私人出口商以赊账(往往以交战国的通货计价)的方式销售商品。在这种毫无组织的信贷授予中，交战国一方占有全部优势，中立国的私人出口商则不能要求为偿还他们的信贷提供一个合适的保障；而且当他们在没有任何特殊担保的情况下，以一种任何时候都可能贬值到任意程度的通货出售商品时，他们便承担着最巨大的风险。在第二个阶段，中立国的银行开始试图组织对交战国的信贷授予，且成功地获得了重要的优势。例如，通过确立一个有保障的汇率，或者以它们自己国家的通货销售商品，或者通过重新从交战国购买一定数量特别急需的商品的权利。然而，一旦同交战中的一方签订了这种协议，另一方马上会要求提供类似的信贷，而为了维持中立，就必须满足它们的要求。这样一来，对交战国的信贷授予便持续不断地进一步扩大。无论何时，只要交战国发现中立国对它们所能提供的商品数量有迫切需要，或者这种需要超出了它们所掌控的供应量，它们便会立即利用自己的国力地位掠取中立国的信贷。在这第三个阶段，信贷授予对中立国而言就变得不可避免了，而且由于情势所迫不得不以国家名义进行组织。于是，将信贷授予减少到最低限度，并据此获取尽可能多的以必需品供给为形式的补偿，是符合中立国利益的。为处理这些信贷，瑞典设立了一家由国家管理的专门公司，即瑞典皇家信贷公司。

在整个期间，商品很自然地经由私人出口商以不利于它们本国通货和外国通货的票据售往交战国。中立国的银行会对这些票据予以贴现，因此只要在自己的投资组合中积累这些票据，它们就成了国外信贷的授予者。通过购入这些票据，或者通过直接购入某种形式的外汇，瑞典央行在战争期间积累了数量相当可观的外汇，这在后来外汇价值发生暴跌时很自然地导致该行损失惨重。

这种与国外出口融资直接相关的信贷现在多了一种颇具异常特征的信贷授予。外汇汇率的大幅下跌使中立国的私营个人尽量收购这些外汇，以期它们的汇率能够上升。交战国，特别是当中的德国，利用这一点大规模地向中立国兜售它们的通货。在每一波新的汇率下跌中都会涌现出一大批新的投机者，他们起初认为，现在汇率终于达到了一个最低点，接下来必将不可避免地出现上升。现在回头看来，人们如此轻信这点似乎颇为奇怪。但我们必须考虑到，根据各国官方宣称的理论，一国通货在世界市场上的贬值只是源于国际贸易杂乱无章的一个暂时性干扰。事实上，直到战争接近尾声时，不仅大量私营商人，而且许多重要的和睿智的银行家仍持这种官方观点。“像既往一样，”人们称，“交战国的外汇将很快上升到它们之前的报价水平，这同和平没有任何关联。”当然，后来绝大多数人认识到这是一个误判，但到那时一些外汇已跌至如此低的价位，以致更广阔的圈子里的人们推断，一个实质性的改善无论如何都将不可避免。因此，一个又一个的灾难开始逐渐显露，它们应该已经使人们认识到，一种通货会贬损至任何可能的价值，甚至变得几乎一文不值。但是，这些经历并未能阻止人们投机性地购入已贬值的外汇。事实上，这种信贷形式如今仍以一个庞人的规模被授予，其中尤以盛行于整个世界的德国马克投机为甚。

通过所有这些信贷授予，中立国市场上的购买力已任由交战

国所支配，而中立国市场上的可得商品总量却并未出现相应的增加。但是，若中立国市场上的购买力通过购买外国证券而任凭外国支配，则情况亦同样如此。如果是购买外国债券的问题，那么它显然构成了一种信贷授予形式。从海外购买其他债券的情况也一样。但效果是完全相同的，即使购入证券的目的主要在于兑换本国自己的债券。在上述后一种形式中，中立国的购买力在一个非常大的规模上将由交战国所支配。总体而言，这些债券可以兑换的比率是如此有利可图，以至于人们不会对这些业务能够如此大规模地开展感到惊讶。

故而，中立国通货——其以某种方式被交战国所支配——的购买力很大程度上是人为创造的。不存在能支撑所有这些外国信贷授予或通盘购入证券的实际储蓄。只要中立国实际上继续进行储蓄，这些储蓄在大多数情况下就可能完全被这些国家自己的资本需求所耗尽；由于国家财政和工业发展的需要，这些资本需求出现了不正常的增加。这些需求本身是否已超出现期储蓄总额，以致通过它们已经发展出一定程度的通货膨胀，这的确是一个问题。在大多数中立国，至少在特定时期内，这可能就是实际情况。很显然，这时任何有效的储备金对外国而言皆不可得。只有通过新的支付手段的不断创造，中立国才能为交战国提供实际上任由它们所支配的购买力。

通常情况下，一个富裕的国家每年向外国拨放大量贷款，即给外国提供基于该国本土市场的购买力，确实是可能的。这一点是否可能，取决于讨论中的国家每年能否留出一笔相应数额的储蓄，也就是说，将其消费减至该国收入水平原本所能购买的一定数量的实际商品仍超过,且可能应付由外国掌控的信贷所对应的购买力的程度。一般而言,在战争期间,中立国并无这样的储蓄可用,因此它们提供给外国的购买力无法以除了不断创造新的支付手段供给之外的任何其他方式获得。由于这种购买力掌控在它们手上,交战国掠夺了相当大一部分代表中立国常规收入的实际商品,而中立国本身对这些实际商品的需求再清楚不过了,它们可被用作中立国自己的日常消费或实际资本形成,也就是被用于建设目的和工业扩张。

尽管这种为交战国创造的购买力将牵涉到中立国的整个经济得到了极其严肃的考虑,但这种做法是以非常强大的利益为支撑的。它所导致的对出口的人为刺激,确实给出口产业带来了相当可观的利润,而且使它们能以越来越高的工资雇用越来越多的工人,由此意外克服了战争早期使它们备受威胁的失业难题。对过度信贷被授予外国的每一个批评,遭到了其不可能会阻止本国出口、毁坏出口产业和使工人陷入饥饿这一论点的反对。毫无疑问,所有这些论点均有盲目夸大的成分。出口显然能以同从外国输往中立国的商品所需支付的数额相当的程度继续下去,甚至可以很肯定的是,至少在战争早期,交战国本会允许中立国输出数量远为庞大的商品,要是不能如此轻易地通过其他方式获得购买力。授予交战国的每一次信贷,除绝对不可避免的以外,都会不必要地刺激中立国的出口。由此,中立国的生产力以一个不成比例的程度被引向出口产业,也就是说,被撤出了那些其生产直接供应国家需求的产业。这样一来,国家的正常供应便下降了。在瑞典,建筑企业被要求让位于以出口为目的的产业扩张显得尤为突出,甚至到

了各种类型的住宅建设(除与这种扩张有关的以外)几乎完全停止的程度。同样地,所有能收集到的木材在如此庞大的规模上被用于出口目的——作为制造生铁、纸浆和坑木等的燃料,以致瑞典人民不得不忍寒挨冻。

由于上文所述的情形,通货膨胀发展到了蔓延至整个世界的阶段。尽管影响程度在各国的感受大相径庭,但其经济意义和后果在各地却基本上如出一辙。

3. 物价的上涨

在正常情况下，所有新的购买力将以投入市场的商品——其价值对应于新的购买力数量——为形式出现。因此，在任何给定时期，总购买力等同于可供购买的商品总量。购买力增加只能通过商品实际产量的相应增加发生。若现在某个社会创造了一种以银行通货为形式的人为购买力，则这种人为的购买力将不可避免地和真正的购买力相互竞争。这种竞争的结果必然是物价上涨。事实上，物价上涨必须达到足以使可得实际商品的总价值与总购买力相一致的高度。在这之前，不可能达到任何均衡。物价的这种上涨使购买力的全部持有人在他们所能购买的商品数量上受到了限制，正是这个限制为额外创造的购买力提供了一定数量的可供购买的商品。因此，物价上涨是使社会成员丧失部分实际收入的一种做法，而这些实际收入他们本可根据货币收入自由支配。所以，恰好有这么多的实际收入可任由人为创造的购买力的所有者支配，不管他们是该国自己的政府还是外国借款人。

故此，通货膨胀总是不可避免地导致物价上涨，而且正是借助于这种物价上涨，通货膨胀的最终目的——也就是将实际商品交由那些不能提供任何东西作为交换的人们支配——才能实现。在一个连续的通货膨胀过程中通常伴随着工资和其他收入的上升。

但这种上升多半只是逐渐地，以至于更广泛的人们不得不限制他们的支出。若人们能同等提高所有的收入，且提高到和物价上涨相同的规模，则不必作出任何限制以满足相关需求，从而也不存在任何额外的实际商品以平衡人为创造的购买力。因此，迫使商品价格上涨是通货膨胀的部分目标；同时，这种上涨必须比工资和其他收入的同步上升更为剧烈。

很自然地，总有一些类型的收入能从通货膨胀中获得直接优势，而且它们的上升比商品价格上涨快得多。处于这种有利位置的人们，其实际购买力将会增加，但这只是意味着对其他人（他们在数量上显然比前者庞大得多）的实际购买力的限制愈演愈烈。

战时财政显然要求一个数量极其可观的实际商品——不管以实物还是以服务为形式——可被直接用于战争管理。由于产量不能以这样的速度增加，相反却有一个下降的趋势，这只有最大可能地限制国内民众的需求才有望实现。这样的消费限制也可借助于税收和贷款实现，但它不仅缓慢，而且效果绝不能同使物价普遍上涨的做法相比。只有通过发动一场直接且足够剧烈的物价上涨，交战国政府才能腾出足够的实际商品数量来应付其需求。基于这一事实，在极为严峻的情况下有效进行的战争几乎不可能不造成通货膨胀。在战争期间，所有的交战国均不得不采用这种做法，且似乎很确定的是，尽管世界各国在采用该做法的苦涩后果中品尝到大量悲惨的经历，但在未来的每一次战争中同样的做法还会被采用，因为像往常那样，它很快会成为一个生死攸关的问题。经济学虽已提出如此多的谴责通货膨胀的警告，但我们仍不可能阻止它。对预防这样的社会灾难而言，唯一有效的药方显然是停止发动战争！

鉴于近年来发生的革命已导致一场甚至比战争时期远为剧烈的通货膨胀的事实，对通货膨胀的警告同样也应包括如下警告——停止发起革命！在任何情况下，革命唯一确定的结果似乎都是异常剧烈的货币贬值，随之而来的则是绝大多数民众的苦楚和极少数人不劳而获的利益。

当意识到物价上涨只是我们借通货膨胀术语所描述的金融体系的一个方面时，人们必然会发现，多少有点奇怪的是，所有国家在追求一项它们几乎已宣布的通货膨胀政策时，也在努力抵抗物价上涨。缺乏对被采用的金融政策之真正意义的明确洞察力，在这种情况下似乎尤为典型。但这种洞察力的缺乏并不是完全无意识的。不愿面对不愉快的事实，和希望逃避一项不健全的金融政策所导致的不可避免的后果的责任，已经很清楚地表明，批评不能完全无视过去几年的经济政策得以确立的心理基础。不惜一切代价去阻止公众意识到物价上涨和通货膨胀论者融资方法之间的真实关联，是一个问题。物价上涨的责任在任何可能的情形下都不应被当局或中央银行推卸一旁，因此所有其他可以想到的能对此作出解释的方法都必须被采纳。所以，统治当局显然在非常大的程度上阻碍了民众的经济启蒙，而且使公众观念局限在谬见上，这在后来自然被证明是恢复一项更稳健的经济政策的严重障碍。

尤其是将每一次新的物价上涨的责任强加给中间商和投机者的普遍意愿，已被当作对高昂生活成本之原因的官方解释。即使在开明的圈子里，人们仍带着显见的满足沉迷于使用那些在公共语言中颇受欢迎的侮辱性表述，来指代那些他们想拿来充当物价

上涨替罪羊的人。就这一点而言,在基于他们的良心本该有的意义上,推卸压力绝不涉及任何对所谓的批发商和牟取暴利者的道德免责。但是,为对实际上发生了什么有一个明确的概念,最为重要的是确定以下事实,即物价普遍上涨的真正原因并不能在牟取暴利行为中找到。通货膨胀过程具有推升物价水平的不可抗力,当物价上涨时,总会出现大量(人们可能会说)不劳而获的利益落入特定人群手中。这些群体主要由那些占有永久性生产资料或拥有商品库存的人组成。但这些群体并非对局外人完全关闭大门——任何人都能通过适时的购买获得这种地位,然后一同分享不劳而获的利益。这便是所谓的"牟取暴利行为",公众很容易想到由此获得的利益"被转嫁到商品价格上",故而牟取暴利行为是推升物价的一个直接成因。当然,这在特殊情况下也许是正确的,但一般而言,流行的观点仅代表了对组合因素的一个完全倒置。

有关物价上涨原因的官方声明和流行观念,共同促成了阻止物价上涨的诸多尝试。这些尝试在所有国家都得到了大规模的开展,但与此同时,通货膨胀过程却一直在不可避免地继续。在我们所处的这个民主时代,必须经由公开会议之经济智慧最大可能的认可才能获得权力。对于基本的政治理念,企图通过禁止它们发生来预防社会生活中的所有麻烦和骚扰一直是很自然的事。这里也不例外。物价上涨是一件邪恶之事,因此完全可以通过立法予以禁止。于是,"最高价格"立法便出现了。科学家们徒劳无功地指出了这种对支配社会经济生活至关重要的因素,即价格的自然形成的肆意攻击中的无理性。同样徒劳的是,他们预言了这些攻击必然会牵涉到的一连串严重后果。现代社会(尽管不乏耻辱和伤害）必须审视如此多的人们自古埃及时代以来，在通货膨胀时期不得不忍受的关于社会经济学和财政学基本原理的严厉的教育制度，而且并未从这数千年内所积累的全部经验财富中学会任何简单的教训。

很自然，物价上涨并没能通过这种方式被阻止。它依旧不间断地持续着。实际支付的商品价格越来越偏离法律许可的价格；至少在通货膨胀最严重的国家，非法交易逐渐成了贸易中越来越占据支配性的部分，而立法不得不屡屡将其最高价格提高到仅能勉强应付实际情况的水平。

这样做时，人们通常试图尽可能使特殊价格保持在一个较低的水平。如此一来的后果是导致了不同价格之间的互相关联的剧烈干扰，以及进一步地导致了体现一国全部经济生活规则的整个价格自然形成机制的错位。社会开始不适当地提供那些价格保持在过低水平的商品，而消费也摆脱了取决于理性原则的价格通常将经历的那种限制。对这些阻止物价上涨的企图所带来的社会经济后果的进一步研究，并不属于本书的研究范围。这里读者的注意力只会被吸引到各国政府——在通过持续的通货膨胀推升所有价格的同时——所追求的“缓解物价高企压力”的努力上。这样的努力显然不能阻止物价上涨，事实上也不能使大量的消费者从作为通货膨胀之财政意义的消费限制中解放出来。只有特定商品或某些人群才能获得救济。但救济措施同样会涉及正常的价格形成机制的错位。这些缓解痛苦的努力呈现出若干不同的形式：针对特定群体的直接财政支援，旨在促进商品在成本价以下销售的低价补助金，通过政府资金予以弥补的损失，关税低于经营费用的国

有企业的自留款，等等。这些措施的采用在大多数情况下被证明是新的通货膨胀和新的物价上涨的直接原因，它再一次唤起了对缓解痛苦的新要求。故而，国家干预的总体后果包括了正常的价格形成过程的彻底混乱和通货膨胀论者政策的进一步恶化。

通过人为购买力的创造所引起的物价普遍上涨，通货膨胀导致货币出现了贬值。所有的价格开始按照一个更低的单位计算，它们倾向于变得更高，正如表示长度和面积的数字按照一个更小的测量单位表示时那样。一开始，当物价上涨仍然极不稳定且保持在相当合理的范围内时，公众很难从这个角度考虑事情；从经济学方面指出这种物价上涨之真正含义的尝试，在战争早期遇到了强烈的不信任感和普遍的公开敌对态度。这种态度在政府当局和中央银行阻止公众意识到一个实际贬值正在发生所获得的利益中找到了进一步的强力支持。直到经历一段长期的斗争并且贬值幅度已经非常大以后，这种反对才开始逐渐退去。

4. 支付手段数量的增长

人为购买力的创造直接采取了创造银行通货——不管是纸币还是支票账户余额——的形式。在以往有关通货膨胀影响的讨论中，人们通常把通货数量的这种增加看作物价上涨的真正原因，而且声称，物价上涨必然与通货数量的这种增加成正比。这一观念以货币数量论的名字为人们所熟知。在理论家看来，该理论被宣称是不证自明的，但它总是会遭到反对，尽管反对者自己也未能提供一个关于他们自己理论的站得住脚的解释。最重要和最触手可及的反对是，提供给公众的通货不必仍由公众所拥有，而是在任何时候都可能回到银行那里。自拿破仑战争时期英格兰的通货膨胀时期以来，银行便已宣称它们不能强迫公众持有超出交易所需的通货，因而银行无论如何不必对通货数量的增加负责。这种观点也得到了我们现在正考虑的处于通货膨胀年代的中央银行的强烈支持——它们并未发行超出交易所需的通货。人们借助所有可能的情况来解释增加的需求，当中尤以物价上涨为甚。

若我们想获得一个关于自战争爆发以来便不断持续的通货膨胀过程的正确概念，则理清所有的这些混乱是当务之急。无疑，可以相当肯定的是，通常而言公众不会持有超出已能满足所需的通货。因此，货币数量论并不如它通常所表述的那样站得住脚。但是，人们不能就此推断新购买力的人为创造毫无影响。上文已经表明，物价上涨必然发生在当额外的购买力掌握在政府，或者事实上掌握在可能直接利用这种购买力来谋利的任何人之手时。由新创造的购买力所引起的对未增加的商品供给的加剧竞争必然会产生这种影响。物价上涨将达到什么高度不能从理论上断定，但是为了解释这里我们研究的一连串原因，确定物价上涨必然因人为购买力的创造而发生这一事实已经足够了。物价的这种上涨反过来显然导致了一个增加的通货需求。很明显，人们必然会预期交易所需的通货数量将和物价上涨成比例增加。任何相反的假设必然意味着人们的支付习惯在某些方面已经改变，或者可投入市场的商品数量已经增加或减少。当然，这些变化具有改变货币需求的效应，即使并未发生任何物价上涨，因此它们必须被看成是该问题中的独立因素。在对通货膨胀影响的最初讨论中，这些因素是否有可能同该主题存在任何关系必须先搁置一旁。但在讨论的后期阶段，必须给予它们适当关注。

因而，在这一点上我们可以从商业界保留的通货数量增加与物价上涨成比例的假设出发。完全不能肯定的是，在某一时刻由交战国政府所支配的新的通货的全部数量仍掌握在公众手中。政府将以不同的方式使用这种通货，因此通货会流入私人或商业企业手中。但是，商业企业会把它们认为不需要的通货存入它们在银行的账户。然而，由于已经发生了物价的普遍上涨，商业界总是会持有超出以往通常情况下的通货。由此，上述论证或许可以概括如下：新购买力的人为创造是首要原因；其引起了物价上涨，物价上涨反过来又必然使通货数量出现一个成比例的增加。

现在，若这个过程持续下去，且新的人为购买力也在不断创造，则人们必须预料到物价的稳步上涨和银行通货数量同样稳步的增加。在这个通货数量和一般物价水平之间将出现一种相称性。若人们用统计指数来表示通货数量和一般物价，并且均以100为基数，则这些统计指数应该是一致的。若人们用曲线来描绘这些统计指数，则表示物价上涨的曲线应该与表示通货数量增加的曲线相一致。把这两个变量中的任何一个描述为原因而另一个描述为结果，都是不正确的。引起整个扰动的首要原因是人为购买力的创造。

在这种新形式下，货币数量论是无可反驳的，它为我们提供了分析货币制度和价格形成之复杂内涵的正确起点，已被我们自己定为这里的研究任务。当然，现实总会显现与这种货币数量论得出的结论不相同的分歧。但即使在这种情况下，通过在这里明确表明现存分歧必定有特殊原因，且直接促成对这些原因进行调查研究，一个关于基本现象的合理理论本身也将是有用的。

若所有价格发生一致性的上涨，则如上文已指出的，支付手段需求出现成比例的增加将是很自然的。现在，物价上涨实际上从未一致。不同组别的价格经常呈现出不同的上涨比例。若我们只选择这些组别中的一组价格，我们便不能指望据此计算出的物价上涨会全然对应于通货数量的增加。只有给所有的价格，因此也给批发价格、零售价格及生活成本和工资统计指数应有的关注，才能有望得到这种相称性。由于我们仅具备这些不同组别的价格在通货膨胀时期变化情况的不完全知识，在确定一般物价水平真正所处的位置中通常会伴随相当大的困难和不确定性。当我们想对物价上涨与通货数量的增加作一比较时，这个事实必须始终牢记于心。

一般而言，我们可以假设对各种支付手段的需求实际上几乎以相同的比例增长。流通中的货币（纸币和硬币）大体上应该以约与能够用支票处置的银行余额相同的比例增加。不同国家所实行的支付方式大多数情况下似乎相当稳定；习惯于用硬币或纸币进行支付的国家宁可继续这样做，且只会非常缓慢地使自己适应通过支票付款的做法。由于实践中有各种各样的支付方式，对通货的相对需求就不同国家来说大相径庭，并且可能也是相当稳定的。例如，法国拥有一个远大于其他大多数国家的人均通货需求。这一事实甚至在通货膨胀发生之后仍然如此，而且必须得到充分注意，倘若我们想对法国和其他国家居民的人均流通量进行比较的话。然而，通货膨胀时期毫无疑问伴随着支付方式，特别是通货和支票账户余额之间比例的某些改变。一笔立即可用的储备金的必要性，也可能会在支付方式无任何直接改变的情况下，影响对支付手段的需求。事实上，就支票账户余额而言，这似乎在相当大的范围内已经在一些国家发生了。

在剧烈的经济动荡时期，公众很自然会在银行保持比通常更大的见票即付余额，（或许正是出于该原因）而不是在相同的程度上把这些余额用于支付。在其他情况下，特别是当延期偿付生效或引发人们担忧时，公众可能会发现有必要持有一笔以票据为形式的储备金。从统计上证实这些变化，并给出一个有关变化程度的概念，通常是非常困难的。也许专门的研究能逐渐在这一点上作出更多的阐释。

当局已经利用这种不安全感使公众注意力从纸币流通量的惊人增加上转移开来。它们企图通过各种可以想象的手段来解释这种增加。除了其他事项外，它们指出，战争期间的支付必定会在比通常更大的规模上受到现金支付的影响。当票据的使用下降时，这一事实即可被用来解释增加了的现金支付需求。这个推论并不是很令人信服：票据支付实际上只涉及一种在任何情况下迟早要兑现的支付的延迟。在检查关于通货增加的所有证据时，我们发现没有任何理由求助于在战争期间如此老套的官方解释，即以现金支付的做法增加了通货需求。在某些特定的情况下，对纸币流通量增加的解释具有更多的理由；因此，这是一个其影响人们应该能从数量上估计到，从而也能加以消除的因素的分析问题，如此便可能获得对流通量有效增加的一个正确把握。故此，并无特别强烈的兴趣来消除这一问题，即使中央银行或国家当局似乎已表露出些许兴趣。

阻止公众意识到实际上发生了什么的愿望使一些中央银行不时地对关于纸币流通量的报告秘而不宣。奥地利银行甚至法兰西银行自战争爆发至1915年1月28日期间暂缓公布其报告的情形即是如此。但是，总体而言，这种直接隐瞒信息的做法被证明是危险的。因而，许多努力已经指向使支付手段的普遍增加尽可能少地出现在纸币流通量中。正是这一启发了“节约纸币”劝告并使用支票支付取而代之的愿望，在战争期间中央银行的货币政策中扮演了一个极其重要的角色。中央银行把大量精力花在使公众转向使用支票支付上，从而显示出已准备好满足公众对这种就其本身而言完全值得称赞的适应需求。在法国和德国的央行年度报告中，也许就能看到银行管理层如何把重点放在这些努力上。对节约纸币的狂热也传到了较小的国家，且时至今日，如瑞士的例子那样，仍可通过每一个收到一封邮戳上用法文或德文印有大意是“支票支付能节约纸币和硬币”的信件的人观察到。

显然，这些鼓励使用支票支付的尝试总的来说只获得了相对较小的成功。至于它们在多大程度上被证明行之有效，因此相对而言带来了纸币需求的减少，我们当然必须在估算讨论中的国家的通货增加时将它们考虑在内。当直接计算时，这样一个国家的总流通量的增加会提供一个关于增加的支付手段供给的错误概念。计算出的数值必须根据支票账户余额或它们利用率的更大增加进行调整。若已经作出了这样的调整，则从我们目前的观点来看，“票据经济”政策很可能会为它的发起人提供些许满足。

5. 流通量增加与物价上涨的算术表示

对所有关于通货膨胀程度和影响的调查而言，获得流通量增加与物价上涨方面尽可能准确的信息最为重要。但是，妨碍我们获取这些信息的困难是相当大的；错误的来源有很多，且不是那么容易就能被消除的。这里我们首先讨论其中的**流通量增加**方面的原因。

在对只考虑到纸币流通量增加的估计中，最明显的错误来源是战前大量流通硬币的存在，此后它们便消失了。事实上，在德国、法国、英国和美国均有数量相当可观的金币处于流通中。在较小且较贫穷的国家，黄金流通总的来说扮演着一个相对较不重要的角色，而在斯堪的纳维亚国家，实际上来说根本不存在黄金流通。现今，黄金流通几乎已完全消失。黄金被积聚在中央银行的金库中。为了估算流通量的真实增加情况，人们必须在战前已有的纸币数量中加入当时处于流通中的黄金数量。但是，一般来说，这个数量并不能在任何确定的程度上为人所知，且不确定性似乎在那些黄金流通颇为常见的国家相对而言最大。因此，对这些国家流通量增加的一个精确估计是不可能的。人们不得不满足于以对战前黄金流通量的估计为基础的近似计算。英国已经进行了这样的计算，但似乎并不是很可靠。由于表示流通量相对增加的数

据明显过高，对战前黄金流通量的估计很有可能会过低。

显然，流通量增加也许最有可能出现在那些战前没有黄金流通的国家。鉴于此，瑞典很可能从战争爆发一开始就能极其精准地确定流通量的增加情况。但是，还必须考虑到白银流通。白银流通的范围在战前总的来说很可能比黄金流通的范围更加为人所熟知，因为银币过去曾如此低贱，以至于熔化或出口它们无利可图。在高通货膨胀国家，白银自此以后便退出了流通领域。故此，若人们要估算战前总流通量中白银流通量的情况，则现在还必须计入价值与之相对应的纸币或取代银币的贱金属硬币。但人们同样可以略去对这些纸币流通量和白银流通量的估算，来获得关于总流通量增加的非常精确的数据。

在瑞典，对目前白银流通量的估计呈现出相当大的不确定性，因为大量的丹麦和挪威银币注入了瑞典的流通领域。试图借助于经系统性验证的现金数额来查实这些外国硬币在瑞典白银流通中的相对百分比不无意义。这样，人们便能形成某种关于瑞典白银流通总量的概念。相对而言，白银流通量的增加可能会略微低于纸币流通量的增加。在这一点上，纸币流通量的统计数值或许必须降低几个百分点，以便给出一个关于总流通量变动的准确指标。但是，并不能确切地指出这里应该作出多大的调整。类似的困难也存在于对瑞士流通量增加的计算中。对该国而言，成为货币联盟的成员国之一，拥有一定的银币流通量，同样并不必然意味着离外部世界更近。

在确定流通量的增长中，另一个主要困难来自纸币流通量平常的每年变动情况。若人们想准确追踪流通量的逐月进展情况，并确定它是上升还是下降，则人们必须注意到该国正常纸币流通量的年度变动。这种年度变动在一些国家并不是很规则，而在其他国家却又是如此规则，以致人们可以论及一个正常的年度变动。为了实现这一点，人们必须由一系列从经济学观点来看相当正常的年份出发，来确定每一年的年度变动，并在此基础上估算平均变动。在特定的准确性上，这个方法可用于分析战争一触即发时期的俄国，且通过在此基础上展开的研究，我已在一个相对较高的确定性程度上成功确定了自战争早期直到革命爆发以来，俄国货币体制完全崩溃时俄国流通量的相对增长情况。

即使在瑞典，纸币流通量的年度变动也规则到足以确定一个正常的变动。我已计算出瑞典央行在 1910—1913 年间各个月份的纸币流通量的平均值，为此我参考了每周和每月的报告。我还算出了这些年份的年度平均值。然后，我把月平均值除以相对应的年度平均值，由此得到表示该年各个月份纸币流通量变动的百分比数据。通过计算这四年间各个单独月份百分比数据的平均值，我得出了下列代表瑞典央行流通量正常变动的一组数据(见表 5-1)。

表 5-1

1 月	92.5	5 月	96.5	9 月	104.8
2 月	93.0	6 月	101.1	10 月	106.0
3 月	99.8	7 月	98.6	11 月	104.5
4 月	98.7	8 月	98.2	12 月	106.3

若仔细考察瑞典央行在一系列正常年份纸币流通量的进展情况，则人们会发现一个相当规则的逐年上升，一个很自然地反映了

总体经济发展的上升。不可能忽略这种上升对表示纸币流通量季节性变动的数据的影响。上述所引的一组数据中包括了4%的年度上升。(事实上,1909年的年度平均值为1.793亿克朗,1913年为2.099亿克朗,这表明以对数值计,此四年间的年均升幅为4%。)但是,在编制我的流通量指数时,我意识到我不应仅依赖于任何实际的经济进步,而不顾及人口的相应增长(我假设其值为年均$\frac{3}{4}$%)。因此,我把$\frac{3}{4}$%的年度增长拿来作为确定这一年里纸币流通量正常变动的基础。上面给出的季节性变动必须进一步还原为一个包括了$\frac{3}{4}$%年度升幅的季节性变动。于是,根据适应这一目的的该年前6个月的增加,以及该年后6个月的相应下降,我们得出以下正常的变动(见表5-2)。

表5-2

1月	94.0	5月	97.0	9月	104.0
2月	94.3	6月	101.4	10月	105.0
3月	100.9	7月	98.3	11月	103.1
4月	99.5	8月	97.7	12月	104.6

若我们现在从1913年的年平均值,即2.099亿克朗开始,则通过假设一个$\frac{3}{4}$%的年度升幅,我们便能先算出1913年,再算出整个战争期间每个月份的正常流通量。例如,通过这种方式,我们在发现1916年12月的正常流通量为2.246亿克朗的基础上,即可在获悉当月的实际平均流通量为3.938亿克朗的前提下,证明该月的相对流通量为1.753亿克朗(以100%为标准表示)。用这

种方法，我已经算出自战争开始以来每个月份流通量的对应指数。这个指数数列自始至终而且仍然是一个判断纸币流通量的实际变动的良好基础。缺乏这样的指数数列，人们便不能确切地判定诸如从某个月到下一个月的纸币流通量的实际上升是否意味着一个持续的通货膨胀。若绝对增加少于本应与该月正常增加相一致的数额，则实际上该国的通货供给已经发生一个相对缩减。我的指数数值的季度平均值和图形将在第 49—50 页给出。流通量指数的年平均值如表 5－3 所示。

表 5－3

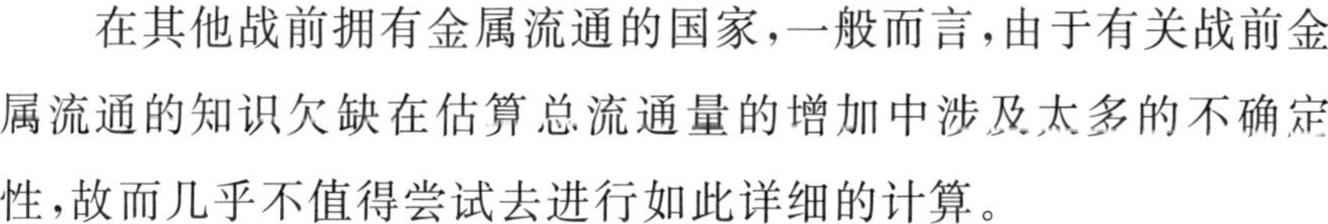

1915	132.2	1918	297.9
1916	154.9	1919	323.7
1917	207.3	1920	320.7

在其他战前拥有金属流通的国家，一般而言，由于有关战前金属流通的知识欠缺在估算总流通量的增加中涉及太多的不确定性，故而几乎不值得尝试去进行如此详细的计算。

在确定战争期间所发生的流通量的真实增加中，第三个会带来不确定性的原因是纸币囤积。在战争爆发之际，这种囤积行为似乎成了欧洲各国的一项通行做法。对即将发生什么的忧惧和彻底的不确定，使人们企图尽可能多地手持现金，他们把现金藏在他们的皮夹子、写字台和保险箱里。在一段中央银行暂缓支付而私人银行采用多少有点影响深远的、其(即使并非全部)不确定性依赖于余额可自由处置程度的延期偿付时期，公众所表现出的这种紧张不安是足够自然的。在这方面，更正常的条件已经得到恢复，各地民众已经停止这种囤积行为。由此，纸币便能重新回到银行或进入流通领域。在通货膨胀尤为剧烈的地方，停止囤积行为并不能归为流通量的任何直接下降。但是，在大多数中立国，纸币流通量在几个月后已开始显示出从囤积早期导致的较高水平上出现了一定的下降。

隐瞒纸币流通量增加之重要性的官方努力，往往可以在给囤积行为附上一个重要性远超过其实际所有的，和在每个人都非常明了情况已发生变化后仍坚持囤积行为还会持续很长时间这一观念的企图中找到表述。规模相当大的囤积狂潮在德国重复发生似乎与革命有关，普遍认为，数量可观的纸币长期以来仍然由私人，特别是农民群体所持有。到如今，甚至这些纸币也可能已开始再次涌现，原因之一在于，农民群体已被卷入假定的由前一两年德国惊人的通货膨胀所导致的规模如此庞大的普遍性股票投机中。据称法国人囤积了数量相当庞大的纸币，这种观念无疑是被夸大了。法国人总是习惯于将大量的现金留在国内。与通货膨胀的推进和纸币价值的下降相称，这些现金储备的名义金额会很自然地增加。然而，这种增加不涉及任何实际上的囤积行为，故此并不构成解释流通量增加的一个独立因素。但是，仍有可能观察到在法国政府发行永久性战时公债的各种场合，该国如何存在(人们可能会说)纸币的过度供给。事实上，一定数量的纸币被用来偿付战时公债，纸币流通量则短时间地减少了一些很小的比例。

当然，为了确定流通量的真实增加情况，人们必须从反映流通量多少的已公布数据中减掉囤积的部分。但人们必须接受关于囤积储备金的声明，且可以肯定的是，在战争爆发头几个月之后，囤积的发生只有在例外情况下才达到足以影响流通量数据的程度。

在那些事件的最终结果(即导致纸币需以庞大数额估算)同它们在东欧一样的地方,囤积和流通之间的分界线消失了,但同样几乎找不到计算流通量增加或物价上涨的可靠手段。

在计算流通量的增加中,我们有时必须考虑货币流通的区域范围的变化。这种范围的任何扩大均会很自然地伴随着一个增加的纸币需求,因而流通量的相应增加并不意味着通货膨胀。这一事实已被用来使表示流通量的数据尽可能地对解释有利,并使公众产生不存在通货膨胀,而流通量只是按必需的通货来提供的观念。战争期间德国的情况尤其如此,当时,获胜的德军占领了东欧和西欧的广阔领地。因而,人们的确能根据某种理由明确断言,扩大的流通范围完全能证明流通量出现一个增加的合理性。那时候我就批评了这个观点:在沦陷区,以往的流通量很可能在大多数情况下得到保留和增加,或者如比利时那样,一种新的流通量得到组织。确实,一开始马克纸币被作为比利时纸币流通的保障存放起来,但这些马克纸币在后来被转移到德国,并且被德国银行的储备余额所代替。在被占领的法国境内,组织了一次规模相当大的市政票据发行。很自然地,德军带来了数量极其庞大的马克纸币:但这些纸币的数量不应该全部被视为对流通量需求的新添加物;因为若所有这些现今在外国参战的人一直待在国内,他们也会有相当大的通货需求。确实,纸币需求在某种程度上通过占领敌国的领土增加了,但这个因素从未能对纸币的真实增加作出更多的解释。德国纸币流通量增长的主要原因自始至终都是通货膨胀。现在,这一点对全世界已经很清楚,当德军被遣散回国后,纸币发行仍延续着一个稳步递增的速度。如今,为了能准确推算德国流通

量的进展情况，我们必须考虑到作为和平结果的德国政府规模的缩小。阿尔萨斯—洛林是一个很好的例子，在那里马克流通已被法郎流通所取代；但是，接手这项置换任务的法国政府发现它们自己深受此前这两个省份流通中的德国纸币的整个存量的困扰，且人们不知道它们是否已经成功完成了这些存量的置换。在计算法国纸币流通量的增加时，战争期间和之后流通范围的变动必须被考虑在内。丹麦的情况亦然，和平已经导致流通范围的小幅增加，这一点必须被考虑到。

最后，当计算一个给定国家内部流通量的增加时，我们还必须考虑到——特别是近些年来——已开始有一种重要关系的情形，即那些在很大程度上被带出该国且仍留在国外的纸币。这当中涉及两种在一定程度上有着相反性质的不同现象：第一种情况是，拥有劣质通货的国家从其他国家那里把更优质的和更可靠的通货吸引到自己的国家；第二种情况是，拥有相对稳健通货的国家根据对劣质通货价值上升的推测而购入它们。

稳健通货的输出确实以一个并非微不足道的程度继续着。据说，荷兰纸币在德国西北部得到大规模流通，而且甚至被用来作为保存财产的一种手段。同样，瑞士纸币被认为广泛散布在拥有不稳健通货的邻国。英国纸币大量流落在国外也并非是不可能的。在某种程度上，流通量收缩的延缓——一种 1921 年时大多数国家广泛讨论且我们稍后将考虑的现象——或许可以通过这种方式来解释。类似地，大量瑞典纸币在挪威和丹麦以及其他一些通货被证明不如瑞典稳健的国家使用是可能的。但是，几乎不存在关于涉及的瑞典纸币数额有多庞大的任何问题。

劣质通货的输出被认为在比重上要大得多，特别是在最近几年。在这一方面，德国可谓独占鳌头。流落在国外的德国马克的估计数量也许有时已经过高，而且必须以某种储备金的形式被接受。但确凿无疑的是，目前有数十亿德国马克纸币流落在国外，而且，这种纸币输出仍在继续。这数十亿的总额中包括了法国和比利时政府从德国撤离区赎回的马克纸币，至于其余的外国马克纸币持有量，则应归于以尽可能大的规模不断持续的德国纸币输出。这种输出的原因，部分在于私营商人和市政当局对外币，特别是对供应品和原材料采购的需求，部分在于用一个更可靠的投资取代不断下跌的通货余额的普遍愿望，又或者是通过这一方法来逃避沉重的德国税收的尝试。但是，这种输出中完全压倒性的比例被要求为德意志帝国提供其认为所必需的外汇资金，特别是为了满足赔款要求。

售往国外的马克通货在很大程度上自然地采取了出售德国银行准备金余额以及债券和国库券的形式。但一个明显的事实是纸币也在被大量抛售。这种惊人的输出明显地几乎流向了世界上的每一个国家，且很可能多半是通过荷兰实现的。1920 年春的某一天，我在阿姆斯特丹看到 1000 面值的马克纸币被大量提供给交易所对面露天广场上拥挤的人群，而且以这种方式销售马克通货似乎是长期以来的惯例。根据一项估计，自 1921 年年底以来，售往国外的马克通货总量已高达 600 亿马克纸币。从经济学意义上讲，输出到国外的马克通货构成了借款的一种形式。当获取国外贷款的所有其他可能措施均行不通时，除了将本国通货出售给那些愿意接手它们以期望其价值出现一个提前上升的投机性投资者外，一个贫穷的国家没有任何其他的求助措施。由于这些贷款不附任何利息，且由于它们涉及一个对不安全性的复杂测算，故而可能的利润率必须相当大。因此，抛售迫使汇率出现了急速下跌，并且很自然地，随着国外对抛售国的经济前途感到越来越缺乏信心，情况便愈发如此。在这种信心开始丧失的地方，我们所谈论的通货销售就越来越难以产生影响，甚至可能会完全停止——事实上这似乎正是某些东欧国家的通货所经历的情况。马克通货的销售能持续这么长的时间，甚至到今天还在以如此庞大的规模继续着，显然应归于以下事实，即不管发生什么事情，世界各国尽可能地保持对德国实力以及德国成功克服一切困难和恢复稳健通货条件的能力的坚定信心。事实上，一开始人们总是料想马克必然会回到其之前的金平价上。从那以后，希望逐渐变得越来越渺茫，但是在每一个特定时期，人们仍然幻想当前的报价已标志着最底部值，进一步下跌是不可能的，而伴随着巨大利润的显著上升必将到来。由于这种错误但却是世界性的观念的误导，德国马克总是能够找到买家。早期的买家确实遭受了数不清的损失，但新的买家却稳定地不断涌现，因而马克通货的销售能一直继续下去。在某些场合，马克价值也会出现一个上升，届时最近的买家事实上便能赚取可观的利润，而当马克价值再一次开始下降时，这种情况自然而然地会诱发新的投机。发生在这些投机上的损失必定非常大，且对那些已然是此类投机最热心的参与者的国家而言，它们必须积累足够庞大的数额，以便能显著地影响这些国家的整个经济状况。这些损失至少有一个好的效果，即向全世界证明了以下真理：只要一国支付手段的数量被允许任意增加，就不存在对该国纸币贬值幅度的任何限制。在战争早期,各地的人们均迷恋于通货具有某种神秘的保持其自身初始价值的先天能力,故而不受支付手段的各种任意增加所支配的观念。若这种观念现在能被明确克服,则我们的收获将会更多。

通货被大规模输往国外这一事实是世界大战所导致的经济领域最不寻常的经历之一,因此这种输出的程度和影响应得到尽可能准确的确定,成了一个涉及广泛利益的问题。当然,这只能通过官方手段来实现,且对所有的国家来说,贷款给它们的合作方以使该问题尽可能充分地获得其应得的研究是非常可取的。确实,在许多方面人们并不能作出精确的估计,但必然毫无疑问地存在大量有助于阐明这一问题的可用资料,而它们目前尚未显现。

现在,我们还必须把部分注意力放在从数学上确定物价上涨程度的可能性和这一过程所遇到的困难上。众所周知,在战前,人们已经企图借助于价格指数来阐释一般物价水平的运动。为了该目的而采用的方法如此熟悉,且在其他地方已被讨论得如此彻底,以致这里几乎没必要对它们予以说明。但是,必须注意到指数计算所具有的不精确度的可能性会随着每一次物价上涨而增加的事实。每一个指数计算均意味着在一定程度上对那些价格被纳入计算中的各种商品的重要性进行赋权。这种赋权并无精确的过程,而是基于判断;而且必定总是如此,即使我们企图求助于表示生产和消费的数据或其他类似资料来对各种不同商品的重要性进行赋权。现在,只要价格变动被限制在合理的范围内,这种赋权过程的不可靠性已不会对价格指数产生非常大的影响。但是,随着各国最近都发生了剧烈的物价上涨,指数的不可靠性本质上也变得更大了。人们通过研究由任何给定国家的同一类价格所计算出的不同指数,如批发商品价格指数,来获得关于这方面的不确定性程度的某种概念。无论如何,不确定性并非如此之大,以致会妨碍价格指数给出一个关于一国通货膨胀进展情况的良好概念。若在这一点上我们想对不同国家作些比较,则指数计算中的不确定性很可能会产生一个稍大的不确定性测量,因此我们必须慎重对待我们从这些比较中得出的推论。

表示物价上涨的指数包含着各种各样的特殊目的。人们必须在批发价格、零售价格、生活成本和工资之间进行区分。批发价格指数可能基于对一般物价的统计,或者基于对进出口商品价格的统计。这些涉及进出口商品的指数被限制在一小类商品上,因此会受到各种变动的制约,这使它们无益于任何除了它们主要目的之外的其他目的。

在所有的指数计算中,国家对价格自然形成的干预已经造成了巨大的困境。事实上,价格指数原本就是实际支付价格的一个指标。然而,由于国家的价格管制几乎从未得到全面遵守,且由于非法交易——尤其是在特定时期——到处都在大规模地盛行,价格指数在涉及受管制价格制约的商品时,只考虑法定价格是很容易具有误导性的。若不存在非法交易,则这样的价格指数肯定会提供一个关于实际支付价格的正确指标。但这样一来,始终有人可能会提出以下反对,即由此所表示的物价水平将人为地过低,并且与该国内部的实际经济形势不符。从理论和实际的观点来看,人们对这种反对均兴趣盎然,但相比于把矛头指向指数计算,它更少地把矛头指向整个价格体系因国家干预而混乱不堪的实际情况。但是，最高价格总的来说只能在若干商品上获得。这些价格低于经济形势所必需的水平的任何下降都会产生以下效应，即公众获得了一个比在其他情形下所具备的更加自由的购买力，当这种购买力被施加于其他商品时，只会迫使它们的价格出现上涨。因此，国家控制价格的政策在多大程度上导致了一般物价水平的下降，始终是一个难以解决的问题。当然，最高价格原本有望带来的一般物价水平的下跌，比人们一直以来所倾向于设想的要低得多。

极其严峻的困难妨碍了构建一个将工资问题考虑在内的指数的尝试。就该目的而言，统计数据一般是非常不完备且不是很可靠的。当用数据表示工资标准时，正确区分哪些数据指工作小时和哪些数据指工作日或工作周颇为重要。由于日常工作时间因8小时工作制的采用而被缩短，当对过去几年进行计算时，这些指数的差异通常极为显著。当工资随通货膨胀的推进而上涨时，其结果便是周收入指数上升得比小时收入指数更慢。而且，这些指数对两个不同的问题具有重要意义。如果是确定生产成本上升同货币贬值之间的关系问题，则小时收入指数无疑才是决定性的因素。而如果我们想找出劳动收入的变动如何与生活成本相关，并在此基础上形成一个对工人生活标准进展的概念，则我们必须用到一个基于每日，或者更好地基于每周的指数。此外，在类似于此的情形中，我们当然应该考虑到劳动力在多大程度上被全职雇用的问题，所以工人一周可能（比方说）只有几天开工的事实必须引起适当注意。一个构成了计算总的通货需求之基础的工资指数，显然必须以支付给工人的每周或每月，或者可能是每年的实际收入的

相关统计为基础。

对于所有的价格指数计算，重要的是它们要能得到快速开展，以便数据（如有可能）在它们所涉及的月度结束后被立即公布；而且，它们要能在所有国家被一致地算出，以便它们能立即被用于国际比较。就是否是最新的而言，许多国家的指数计算仍有大量改善的空间。那些在当月结束几天后事实上便可任由公众使用的指数的价值，由于其他国家的相应数据被延迟（经常是几个月）这一事实而大大减少。必须牢记，指数不只是提供给那些将来某天会重提我们时代所有的经济谬误和幻觉的未来研究人员。首先和最重要的是，指数应能为科学家和专家即时认识现如今正在发生什么并探索其真实意义提供协助。以指数形式认真计算出的统计数据，在充当判断形势需要怎样的银行政策的指南中应该是特别有用的，而且这个指南是提前还是滞后一两个月可能关系重大。对于政府当局在监管金融事务或判断其他国家形势时所需的指标而言，尽管程度不完全相同，道理自然也是如此。同样重要的是，所有国家尽可能以相同的方式来计算指数。在这一点上，令人惊讶的是，许多方面都被忽视了。战前，只有英国定期计算物价指数，少数其他国家某种程度上也在这样做。甚至世界大战和一般性通货膨胀所导致的价格领域的骇人剧变，亦未能使当局采取任何措施建立公共的价格和工资指数。似乎正是经济学家对通货膨胀及其效应的尖锐批评，最先逐步促成了对此类指数进行有系统的计算。事实上，在一些国家它们甚至从未存在过，而且在它们已被建立的地方，大多数情况下也是源于私人的主动性。这并不表明政府当局或中央银行在阐释通货膨胀过程之全部意义上有任何特别

浓厚的兴趣。

事实上已作出的物价指数的官方计算,在大多数情况下似乎是拥有一个渐进式通货膨胀使之成为必需的那种工资增长标准的合意性的结果。至少瑞典是这样的情况。

若指数不按照统一的基础计算,则会引起相当大的不便和大量的不确定性。人们如何选择一个作为估算物价上涨起点的战前时期,并用100来表示该时期的物价水平,这一点是颇为重要的。即使对于这个简单的细节,在不同国家的指数计算中,人们也未能达成任何一致性。但是,人们似乎越来越赞成选择1913年作为他们的起点,尽管这依旧远未得到一致的实行。不同国家的价格指数计算系统尽可能相一致,且在每个月份结束后尽可能快地在统一的编制表中公布这些统计指数,这样做是非常可取的。这样一个计划似乎与战争爆发以来世界各国的兴趣被吸引到程度如此之高的国家合作上尤为相称。海牙国际统计研究所最近已开始着手编制这类统计数据,*但这些统计资料仍饱受不能纳入较多的国家、缺乏指数的一致性,以及在许多情况下它们的公布被不合理地延迟等之苦,以致该统计表不能提供一幅关于世界通货实际状况的连贯图景。若能采取措施纠正这些缺陷,若这样的统计表的编制和公布能以足够快的速度完成,若该统计表能立即通过电报传至世界各地,则将对解决与各种通货价值持续波动紧密相关的极其重要的问题贡献颇丰。

* 国际统计研究所常设办事处月报。

6. 商品稀缺性及其对物价上涨的影响

解释物价上涨和摆脱战争期间货币贬值责备的主要方法之一是，关注到处所盛行的商品稀缺性。当存在商品匮乏时，价格必定会上涨。这是一种如此自然且简单的现象，以至于只有一种混杂着对理论推测无可救药之癖好的憎恶情绪，才会诱使人们相信物价上涨是通货价值下跌的一种迹象！在这里，官方观点与明显受个别价格日常波动所支配的公众观点有一点共同之处。基于这样的经验证据，只可能得出以下结论，即一种特定商品的价格必然会上涨，只要该商品存在一个稀缺。这个基本的观察结果现在已被一般化，且被不假思索地应用于所有商品出现一个稀缺时的情形。这样做时，人们忘记了价格本质上是相对的；它们只是不同商品之间相应估值的一种表示。某一价格的上涨事实上可能会被其他方面各式各样的下降所抵消，以致物价水平从总体上看仍然未受影响。若社会作为一个整体，在商品供给方面比之前更为糟糕，但是相对而言几乎能同样令人满意地以另一种商品的供应来替代某种商品，则没有理由质疑各种不同商品的相对估值为何应该改变，且可以很容易地想到这种情况下的价格不会发生改变，即使商品的供应不尽如人意。若该社会各种不同商品的相对供给已经发生突然的变动，则必然的结果便是价格的相对变动，但并无理由认为平均物价水平会上涨。要是确实发生了这样的物价上涨，它只能通过货币本质上的原因来解释，也就是说，原因必定在于通货方面。

商品供给的减少应适当地要求社会的通货供给出现一个相应的减少。如果这样做，则物价水平必然会保持不变；如果没有这样做，即尽管商品的稀缺已经出现，社会的通货供给依然不变，则很显然价格的普遍上涨必将紧随而至。这种物价上涨必定与通货供给的充裕度成比例，即它必然由实际通货数量同符合新减少的商品供给的通货数量之间的关系所决定。我们设想可以用一个指数在统计上表示商品供给，且我们进一步假设这个指数已从 100 下降到 80，即社会的商品供给已经下降了 20%，则根据这个推理，通货供给也须从 100 下降到 80。如果没有这样做，而是仍然保持在 100，则 100∶80 这个比例将过于充裕，其结果必然是价格出现一个相同比例的上涨，也就是说，一般物价水平必定会从 100 上涨至 125。

战争期间毫无疑问存在商品稀缺的问题，而这也确凿无疑地构成了物价上涨的一个促成因素。但这显然是一个相当次要的因素。因为，社会各领域的商品供给出现平均 20%的下降是一个非常严重的问题，它会不可避免地造成各阶层民众的严重贫困。但正如我们已经看到的，即使这样的稀缺也不能作为解释物价上涨超过 25%的基础。现在，由于表明一般物价水平的指数值在大多数国家很快超过了 200，这之后，在条件最合适的欧洲国家甚至超过了 300，而且在其他国家上升得还要更高，以商品稀缺性为理由来解释物价上涨的可能性不存在任何问题，这一点已经相当清楚。且不论在这一问题上提出的所有经济论证，官方声明长期以来固执地坚持它们把商品稀缺性作为物价上涨真正原因的解释。然而，战争结束后，西欧国家的商品供给开始再次正常起来，而且在某些时候甚至异常充裕。根据官方的理论，物价应随之回到它们以前的水平，但它们并未表现出任何类似于此的倾向。相反，在1919 年的一个轻微下降后，物价在 1920 年上半年期间出现了进一步的上涨。一个显示 1920 年第二季度的均值为 360 的批发贸易价格指数，如瑞典在整个国家几乎充斥着大量过剩的商品库存时的情形那样，必然会给一个企图把商品稀缺性作为解释物价上涨真正理由的理论造成某些尴尬。我们现在正经历的体验，为科学教育和拒绝承认对争议问题作出一个理性分析的众多意见之间的漫长斗争提供了最终评判。这一评判不存在任何质疑。

此外，现在已经很清楚，物价上涨应归因于对商品的迫切需求——其在战争期间很自然地使人们感受深刻——这一常用论点是错误的。对商品的需求若要产生一个经济意义，则必须以支付能力为支撑。当然，总是存在一种无法得到支付，因而不会对价格产生影响的不受限制的需求。现在，当人们论及战争期间需求达到了一个前所未有的程度，故而价格不得不上涨时，这只是意味着出现了一个以充足的支付能力为支撑的需求，而且其推升了物价水平。这正是事实所证明的结果。但是，这种支付能力是通过稳步递增的额外通货的铸造而人为创造的。事实上，物价上涨的推动力恰恰是我们所说的通货膨胀。任何时候提出这个建议，中央银行的通常答复都是它们不会抑制需求。当商品稀缺性不断严重时，公众竭尽全力维持他们的基本生活需求，并且疯狂抢购商品，丝毫不顾物价上涨的事实。人们普遍设想，在这样的全力抢购商品中,公众断然不会受限于他们的当前收入总额,相反,他们能动用他们在银行的存款余额来尽量满足自己的需求,由此获得旨在为他们自己提供无论价格多高的商品所必需的购买力。这种推理是相当错误的,但它可能并非完全无益于对到底错在哪里的解释。通常,公众在银行的存款会被借给工业和贸易企业。若公众为获得额外的购买力而提取了任意部分的银行存款资金,则相应数量的资金必须从工业和贸易企业中扣留。如此一来,企业的购买力,最终还有工人的购买力便会减少,故而社会所能支配的总购买力并未出现任何增加。只有在银行为了能偿还公众要求提取的存款资金而创造新的银行通货,因而并未减少它们授予工业企业的这种储蓄消费恰好需要的信贷时,才会出现这种情形。但这样一来,我们发现自己陷入了一个常规的通货膨胀过程,其不可避免的结果是物价上涨。

在战争期间,通货膨胀和一个不断增长的商品稀缺性相伴相生。故而,物价上涨是这两种由此使人们感受深刻的价格不断上涨趋势的一个结果。若我们假设社会的通货供给增加到正常数量的两倍,而商品供给却从 100 下降到 80,则第一个因素必将导致价格从 100 涨至 200,第二个因素则会使价格从 100 升至 125。所以,总的物价上涨是从 100 到 125。这一概例阐释了正常购买力的增加如何连同日益增长的商品稀缺性一起,导致一个不断升高的一般物价水平。如人们所设想的,事实上,这些观点之间的联系并非如此专业深奥,而是任何人和每个人都应该能理解的,而且在这一点上受如此多的模糊性所支配的事实,并未以任何有利的方式证明我们学校数学教育成果的合理性。

一般而言，目前几乎不存在任何从统计上测量商品稀缺性的可能。但是，若我们有一个关于物价普遍上涨的完全可靠的测量，且同样地，有一个关于增加的通货供给的完全可靠的测量，则我们应该能根据它们来估计商品的稀缺程度。沿用上述例子，若我们知道物价水平已经涨至250，但是社会能在200的通货供给上得到满足，则这意味已经产生了商品的一个稀缺，商品供给将相应地从250减少到200，也就是从100减少到80。因此，在上述情况下，商品供给的减少幅度为20%。

当然，目前我们关于物价上涨和通货供给的知识均未精确到能使我们有望从这样的计算中得出任何非常准确的结论的程度。比方说，随着事态的进展，若社会履行付款的习惯方式所发生的变化，导致在物价水平尚未变动地区出现了一个增加的通货需求，则计算的可靠性将进一步降低。然而，即使不存在假设这已经发生的直接理由，此处所给出的这种计算无论如何都应该作出，以便获得关于可能发生了什么的某些看法，特别是为了使我们理解是否存在假设支付方式已发生一个变化的任何必要性。

在表6－1中，我并排给出了从战争甫一爆发到1920年年底瑞典的物价上涨和流通量增加的可得数据。为了获得一个更全面的看法，我计算出了它们的季度平均值。表格进一步给出了表示批发价格的《瑞典贸易杂志》指数的季度平均数据，以及社会委员会未经加权的食品价格指数，和我自己的表明相对纸币流通量的月度数据。这一系列的数据可通过下图（图6－1）描述。物价上涨和流通量增加之间的大体一致性得到清楚显示，而且从实际上来说，这种一致性在1920年第四季度是绝对的这一点尤其引人注目。

表 6－1

年份和季度	1 《瑞典贸易杂志》的价格指数	2 社会委员会未经检验的价格指数	3 相对纸币流通量	3占1和2算术平均值的百分比
1914 3	113	103	121	113.1
1914 4	120	108	128	112.3
1915 1	135	114	133	106.8
1915 2	143	121	130	98.5
1915 3	147	129	131	94.9
1915 4	155	138	136	92.8
1916 1	164	143	144	93.8
1916 2	175	148	151	93.5
1916 3	191	162	156	88.4
1916 4	209	175	168	87.5
1917 1	225	190	185	89.2
1917 2	229	197	201	94.4
1917 3	249	208	210	91.9
1917 4	272	235	233	91.9
1918 1	305	268	260	90.8
1918 2	331	350	285	89.6
1918 3	351	330	307	90.2
1918 4	370	372	339	91.4
1919 1	360	364	340	93.9
1919 2	331	352	328	96.0
1919 3	320	343	313	94.4
1919 4	311	332	314	97.7
1920 1	338	316	316	96.6
1920 2	360	316	320	94.7
1920 3	363	331	326	93.9
1920 4	325	323	322	99.4

但是乍一看，该图还表明：在战争年代，物价上涨略大于流通量的增加。事实上，从理论上说，由于这些年瑞典的商品供给毫无疑问比往常更稀缺，这应该就是实际情况。鉴于在批发和零售贸易领域获得通用的流通量情况，纸币需求必然清楚地同这两个贸

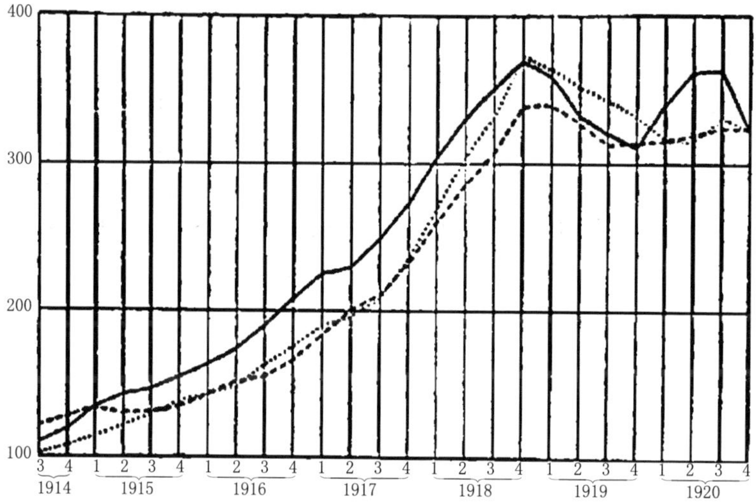

图 6－1

《瑞典贸易杂志》的批发价格指数；

社会委员会的食品、燃料和照明零售价格指数；

相对纸币流通量

易分支中任何一个的物价上涨有关。由此，我们可以很好地从得自上述两类指数的物价上涨的平均值入手。若我们现在把流通量指数除以这个平均值，则我们便能得出一个表明流通量在整个时期的物价水平保持不变时会有多大的数据。这个流通量——如表中最后一列所示——清晰地提供了每一个给定时期市场上可得商品数量的一个测量。

下图(图 6－2)描绘了这一减少的流通量数据。可以看出，从1915 年第二季度(包括该季度)起，这个数据一直位于平均标准(图中用 100 表示)下方。曲线下落至平均标准下方，反映了瑞典在随后几年里所出现的商品稀缺性。当然，由于数据的来源资料并非绝对可靠，通过这种方法不能获得对商品稀缺性的准确测量。

图 6－2

（a）瑞典对咸肉、黄油等出口禁令的重要扩张。

（b）英国和法国终止适用关于海运的《伦敦宣言》的条例。

（c）英国对瑞典的禁止出口总额。

（d）瑞典对谷物、面包和制成品贸易的重要国家规定。

（e）美国设定了实际上的禁止出口总额。

（f）所谓的“大贸易协定”。

（g）停战。

除此之外，履行付款的方式可能已经发生了变化——尽管图中并未给出任何假设已发生此类变化的原因——因为曲线的移动在不必求助于任何诸如此类的解释下，很自然地为它们自己作了解释。

图中以字母 a—g 标示的垂线，目的在于回顾对瑞典商品供给具有特别重要意义的一些事件，这些事件的影响可通过曲线的移动来描绘。

毋庸讳言，该曲线描绘了市场上实际交易的商品的稀缺性。在特定时期，很可能存在数量更多的商品，尽管投机将使它们中的一部分从市场上撤出。在这些时期，曲线必然会落在根据商品的总供给绘制的曲线所处的位置的下方。在某种程度上，这显然是从 1916 年第三季度（包括该季度）到 1917 年第一季度（包括该季度）以及 1920 年中期的情形。

众所周知，在战争的头几个月，瑞典囤积了数量相当可观的纸币。由此一来，总的纸币流通量远远超过了当时实际上用到的纸币数量。这一流通量的特别上升可在曲线上清楚地读出，曲线甚至近似地反映了它的程度和它的持续期间。到 1915 年第二季度，囤积行为显然已经停止了。

根据图示，到 1920 年年底商品供给再次回归正常，也就是说，纸币流通量刚好对应于通行的物价水平。

若不存在商品稀缺，如 1920 年年底那样，物价上涨便可以被解释为是更充裕的通货供给的结果，换句话说，是通货膨胀的一个结果。根据这一假设，一般物价水平是通货膨胀程度的一个测量。若商品开始出现一个稀缺，如我们已经看到的，物价上涨会由此而愈演愈烈。但即使这种物价的进一步上涨或许也可以视为过度充裕的通货供给，及由此导致的通货膨胀的结果。故此，通货膨胀的意义必须被扩展，但该术语的意义的这种扩展应合理地基于事件的本质特征，和(特别是因为)以一般物价水平表示的物价上涨不论在何种情况下均成了通货膨胀的一个测量这两个理由。因而，给出对通货膨胀的测量是十分有益的，即使我们未能成功地完全确定它的成因，并且，即使永远不可能准确地揭示商品稀缺性对物价上涨的影响。所以，在一个有限且更广泛的意义上来考虑通货膨胀的概念是很自然的。在两种情况下，通货膨胀的本质点均是一个过度充裕的通货供给。在前一种情况下，我们只是根据之前盛行的标准来估算这种过剩；在后一种情况下，我们也考虑了那些源于之前标准的，甚至在商品供给已经减少后仍然被保留的通货供给的过剩。

7. 通货膨胀对黄金的影响

有句古语说，劣币会把黄金驱逐出流通领域。与这句话一致，自战争爆发以来，随处可见金币被贬值的纸币驱逐出流通领域。然而，这种运动已经呈现出特殊的形式，对此进行研究颇显重要。若对黄金的运动完全放任自由，其自然而然的结果便是所有的黄金从欧洲交战国中消失不见，并流入那些仍然保持金本位制且其铸币保有最高购买力的国家。总体而言，尽管通过各种间接途径并有重要的局限，实际上的结果正是如此。

在金币流通的国家，自战争爆发后，金币的输出要么被正式禁止，要么至少事实上被阻止。各种阻止熔铸黄金的措施也得到了采取，一些国家甚至禁止为金币支付一个贴水。由于这样一来黄金便没有了实际用途，中央银行得以相对容易地实施它们的黄金积累政策，这点我在前面章节已论及。通过这种方式，西方文明国家几乎所有的金币都已从流通领域消失不见，并且流向了中央银行。私人银行也或多或少地被诱导彻底舍弃它们的黄金。甚至一直到 1920 年春，英国的私人银行仍必须把它们剩余的黄金储备上交给英格兰银行，这在战争期间为英格兰银行和政府提供了数量相当可观的黄金。伦敦联合城市和米特兰银行的主席在 1921 年年会上宣布，该行已经不得不放弃其仅剩的 800 万英镑黄金储备，且已经获得以英格兰银行纸币为形式的偿还;根据政府和银行之间的一份协议我们可以知道发生了什么:“我们很遗憾失去它,”麦肯纳先生评述道,“但我们认识到了促使政府需要我们的黄金储备的必要性。”

然而,黄金并未留在交战国的中央银行,而是程度不等地被它们用来偿付得自国外的战争必需品,或用来为国外市场的贷款业务提供支撑。当获取尽可能多的外汇成为一个问题时,这后一种利用黄金的方法被证明是最有效的。事实上,国外市场被认为具备一个更大的吸收贷款的能力,若贷款国的中央银行显示出有大部分的黄金支撑其纸币发行。法国对英国的黄金输出及英国和法国对美国的黄金输出,是一个与该观点一致的融资方式的很好例子。因而,在战争期间,黄金以某种方式从交战国流向了中立国及美国和日本,结果使得这些国家的黄金储备不断增加。

为了用数据表示战争爆发以来黄金的国际运动,以同一种通货来表示其数量颇为便利,而且鉴于美国目前作为金本位制唯一维护者的立场,用美元计算即可满足我们的目的。早在战争的头几年,奥匈帝国银行就不得不将其黄金储备的主要部分交给德国国家银行,这样一来,该行损失了2.06亿美元。而德国国家银行的黄金储备在战争初期却增长得极为迅猛。从1913年年底到1914年年底,该行增加了相当于1.2亿美元的黄金储备,而到1916年年底,又有额外的1亿美元黄金流入该行。正是奥地利银行和德国国内流通中的金块构成了这种黄金供给的主要来源。但与此同时,来自德国国家银行的相当可观的黄金输出仍在继续,它们或被用于直接支付供应品和其他必需品,或被用于为不断下跌的马克利率提供支撑。在《布列斯特-立托夫斯克和约》签署后，价值5000万美元的俄国黄金被转移至德国国家银行，后者的黄金存量在停战时达到了6.07亿美元的数额。然而，这些黄金中的大部分一直被用在德国不得不承担的各项支付上，特别是用于支付在对德封锁升级之后必不可缺的大量食物进口，所以到1921年年初，该行剩余的黄金储备只有2.6亿美元，这略少于1913年年底该行所持有的黄金存量(2.79亿美元)。因而，作为一个整体来看，上述黄金运动似乎可被描述为整个德国国内的流通量，加上战争期间该国国内所积累的其余黄金和奥地利贡献的所有黄金，已被输出到国外。法国也发生了一个相应的黄金运动。法兰西银行的金块存量，由于黄金从流通领域中的撤出，最初在1915年年底达到了9.68亿美元，相比之下1913年年底为6.79亿美元。然而，1915年之后，法国被迫大规模地输出黄金，以致黄金存量降到了7亿美元以下。在1920年9月30日的"银行报告"中，该国的黄金储备据称已降到了35.31亿法郎；但在那之后，一个"黄金输往国外"的项目又耗费了19.48亿法郎。从那时到现在，后一个数额得到了保持，而前一个数额却出现了略微的增加。"黄金输往国外"的项目反映了法兰西银行的直接黄金输出，但有多少黄金可能已从法国输出必定是一个显见的问题。尤其至关重要的是俄国的黄金输出。战前，俄罗斯国家银行拥有所有国家中最为庞大的黄金储备，即7.87亿美元(截至1913年年底)。该黄金储备到1915年年底增至8.31亿美元。这种增加很可能几乎完全吸收了俄国的黄金流通量。但与此同时，黄金输出仍在继续，且主要流向了大不列颠。据称从1914年10月到1917年春，这种输出几乎达到

3.3 亿美元。在罗马尼亚战争期间，罗马尼亚中央银行的黄金储备被转移至俄国，以便在德国入侵时保持安全，但普遍认为这些黄金后来被布尔什维克党人所挪用。据称，除了这些黄金外，布尔什维克政府还拥有价值 4 亿—5 亿美元的此前属于俄罗斯帝国银行的黄金。但近来这些黄金也可能已被大量输往国外，且主要流向了美国。

表 7-1　1913 年和 1921 年的黄金储备(单位：百万美元)

欧洲大陆交战国		1913	1921	增加 + 减少 -
法国		678.9	688.3	
意大利		288.1	236.5	
比利时		59.1	51.4	
德国		278.7	260.0	
奥匈帝国		251.4	0.0	
	合计	1556.2	1236.2	-320.0
英国		175.2	763.3	+593.1
中立国(包括日本)				
瑞典		27.4	75.5	
挪威		12.8	39.5	
丹麦		19.7	61.0	
荷兰		60.9	245.6	
西班牙		92.5	479.2	
瑞士		32.8	104.9	
阿根廷		225.0	450.1	
日本		65.0	558.8	
	合计	536.1	2014.6	+1478.5
美国		691.5	2519.6	+1838.1
	总计	2954.0	6543.7	+3589.7

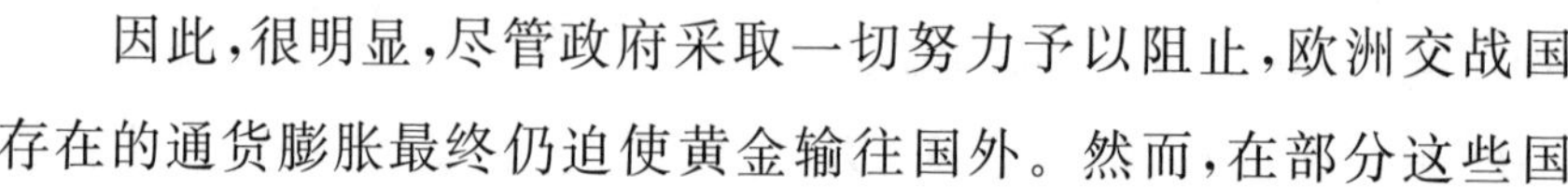

因此，很明显，尽管政府采取一切努力予以阻止，欧洲交战国存在的通货膨胀最终仍迫使黄金输往国外。然而，在部分这些国

家，中央银行成功地保留了相当可观的，或多或少被完全排除在世界市场之外的黄金储备；英国和法国的情形尤其如此，但在拥有一个贬值更甚的通货的国家，如意大利和德国亦然。同时，黄金生产仍在继续，且已经为世界提供了数量极其可观的黄金，这些黄金主要由旨在增加其公共黄金储备的其他国家所支配。

自从战争开始起，大量黄金已通过这种方式流向中立国及美国和日本。表 7－1 给出了战争爆发以来黄金运动的一个轨迹，只要这些运动能在黄金储备的变动中找到它们的表示。

该表并未给出一个关于黄金运动的完整测量。如上文所述，俄国央行和罗马尼亚中央银行的黄金储备多数被输出本国，这些黄金如今在某种程度上被并入了其他国家，特别是美国官方报告的黄金储备中。事实上，该表并未将大英帝国的殖民地计入在内。但是，具有更大重要性的事实是，该表只考虑到了公共黄金储备，因而忽略了不包括在这一类别中的往返于东方之间的尤为可观的黄金运动。下表给出了关于后一类黄金运动的一个估计。

世界黄金产量情况可如表 7－2 所示（数据表示百万美元）：

表 7－2

年份	产量	年份	产量
1913	459.9	1917	423.6
1914	439.1	1918	380.0
1915	470.5	1919	365.2
1916	454.2	1920	338.0

英国统计学家希钦先生给出的关于这些新出产黄金的使用情况估计如表 7－3 所示（数据表示百万英镑，负号表示出口）：

表 7-3

年份	1915	1916	1917	1918	1919	1920
工业(欧洲和美国)	17	18	16	16	20	
印度(截至下一年 3 月)	1.4	5.1	19.6	-3.3	27.7	3.9
中国	-1.7	2.6	2.6	0.4	13.5	
埃及	-0.8	-0.2	-0.1	-0.0	-0.0	
可用于货币目的	80.5	68.0	48.2	65.9	14.0	
总计	96.4	93.5	86.3	79.0	75.2	70.0

1913 年,当总产量达到 9450 万英镑时,消耗在艺术上的数额为 2730 万英镑。而在 1915 年却只有 1700 万英镑,尽管那时的产量达到了最大值。在整个战争期间,工业上的黄金消耗保持在一个相对较低的水平。同样,在 1915 年,印度的需求是很小的,但中国和埃及却显示出一个比满足印度需求绰绰有余的出口。可用于货币目的——也就是说,可用作公共黄金储备——的新出产黄金的数量在 1915 年达到了最大值。如上表中可见的,自那以后,该数额出现了一个急剧下降,且 1919 年已非常之低,这首先是由于来自东方的异常需求,其次是由于减少的黄金产量,最后也是由于略有增加的工业消耗。根据这些显然非常近似的估计,在 1915—1919 年间新出产的应已注入世界公共黄金储备的黄金总量达到了 2.766 亿英镑或 13.45 亿美元。若我们把这个数字加上表明 1914 年相应黄金供给的 3.25 亿美元,我们便得到了一个 16.70 亿美元的总额,其应该能反映这里所讨论的 1913 年以后黄金储备的增加,只要这种增加来自于新出产的黄金。

因此,1914 年以后黄金运动的结果是欧洲大陆交战国的中央银行损失了 3.2 亿美元,而英国则获得了 5.931 亿美元的公共黄金储备，中立国和日本总共获得了 14.785 亿美元，美国为 18.381 亿美元。从总体上看，这意味着公共黄金储备出现了一个增加，就上述所包括的来说，总计为 35.897 亿美元。若缺少这个可能被认为已得到同一时期黄金产量补充的 16.7 亿美元的数额，则至少约有 19 亿美元必然已从西方文明国家之前流通中的黄金中撤出。

从这些数据可以得出，战争爆发以后，世界市场上供应的黄金数量处在一个完全异乎寻常的规模，同时，由于对这类黄金的货币需求受中立国央行和国库里的黄金总量的限制，美国和日本可能已准备好接受本国黄金储备的增加。这种情况使黄金市场陷入了彻底混乱，其结果便是黄金价值尤为急剧的下跌。对这段时期内黄金贬值的最佳测量或许可以在美国一般物价水平的上涨中找到。根据美国劳工统计局的统计，较之于 1913 年的基数 100，批发价格指数到 1920 年 5 月达到了 272 的最大值。当然，物价上涨不能仅依据批发价格判断，但我们并没有具备同等可靠度的零售价格和工资指数。单个月份的最高指数也不能给出任何关于黄金购买力已降到何等程度的非常可靠的指示。因此，即使我们并非只依赖于批发价格曲线所达到的最高点，而是将我们的计算建立在一个仅为 250 的最高一般物价水平的基础上，黄金无论如何也会下降到其之前相对于商品的 40% 的价值水平。可以非常肯定的是，由于黄金市场的彻底混乱，这个数值绝不可能说是一个精确值，但它基本上无疑仍是正确的。事实上，战争爆发之后，黄金价值受到了一场比以往任何历史时期出现的都要更加剧烈的革命的支配，黄金的这种贬值整体而言是 1914 年以后世界货币体系发生的整个革命中最引人注目的现象之一。

由于黄金流通的中断及某些国家舍弃它们极大一部分央行黄金储备这一事实所导致的黄金过剩，黄金价值随后出现某种下降几乎是不可避免的。但是，这种贬值的程度很大程度上取决于黄金接受国的中央银行对大量涌入的黄金的反应。倘若黄金流入速度相对温和，且相关中央银行允许这类黄金注入它们的黄金储备，而未出于相应考虑增加它们的纸币流通量，或者并未创造任何额外的通货，则黄金价值必定会一直保持在高位。于是，便会出现一个增加的对黄金的货币需求，而且它将成为黄金价值据此得到确定的市场上的一个独立因素。但是恰如所发生的，黄金的流入非常强劲，且与此同时，它只是在一个相对较小的程度上被黄金接受国的中央银行以这种方式接受。事实上，各国央行均把它们扩增的黄金储备建立在一个不断增长的支付手段数量的基础上，而这种新创造的购买力并无助于推高由此受到影响的以各种通货衡量的商品价格水平。这相当于黄金购买力出现了一个下降。因此，借助于本国货币的持续通胀，黄金接受国的中央银行对黄金的异常流入作出了抵制，它们损害了黄金市场并压低了黄金价值。

确实，在某些情况下，央行使其流通量的增加保持成比例地低于黄金供给是有保证的，只要之前黄金准备金所占的百分比被认为是正常的。这意味着黄金准备金有望在百分比基准上增加。荷兰、瑞士和西班牙的情况尤其如此。但即使在这些情况下，国家支付手段供给的绝对数值仍会增加，且人为扩大的购买力也会导致物价上涨。由此，黄金价值便须承受一定的压力。

这样一来，对中立国伴随黄金输入而产生的通货膨胀的解释，应归因于当事国双方与黄金转移密切联系在一起的某些经济利益。从交战国的角度来看，黄金输出只是它们金融政策链中的一环，旨在不必出口本国商品就能获取尽可能多的其他国家的购买力。如上文已指出的，若接受这些黄金的国家的信贷能建立在此基础上，则黄金输出即可最好地用于该目的。这些信贷或许相当于黄金输出总量的好几倍，但这意味着新购买力的创造，由此导致的一个必然结果便是黄金接受国的通货膨胀。很自然地，这些持续的物价上涨被证明是给黄金输出国造成极大不便的一个来源。但在那时它们可能几乎没有意识到这一点，而且即使它们意识到了，也很少会关注它，因为它们的主要兴趣无论如何都在为自己获取尽可能多的商品供给上。

再一次，在黄金接受国，考虑到国内经济，中央银行有兴趣使它们新近获得的黄金存量计息，而这只能通过创造更多对其有利的通货来实现。若非这种动机构成了我们讨论中的国家的中央银行——不仅对交战国，而且对它们自己的政府或国内信贷业务需求——所表现出的妥协精神的一个促成因素，这几乎是没有任何疑问的。

而且，只要黄金准备金所占的百分比没有降低，人们就不会认为已经发生了通货膨胀，这种观念得到了非常普遍的认可，甚至在广阔的圈子里大为流行。这里我们再一次遇到了以下古老的迷信观念，即黄金准备金是通货价值的真正基础。倘若人们意识到一种通货的购买力绝不可能取决于除该标准下有效支付手段的稀缺性以外的任何其他因素，他们就会明白一点，即得到积极使用的支付手段数量的每一个增加必定意味着通货价值的一个下降，并且会导致通货膨胀。

在一些黄金接受国，与黄金流入有关的新购买力的创造被迫持续如此之久，以致通货价值跌到了黄金价值之下。因而，已经不值得向这些国家输出黄金。随着每一次这样的通货膨胀，黄金市场变得更加狭窄。最终，美国实际上成了唯一能接受黄金的国家。当然，在整个这一过程中，黄金的价值取决于那些仍具备足够健全的货币以使向它们输送黄金值得为之的国家的通货购买力。理论上说，黄金价值在所有有能力进口黄金的国家应该是相同的。若黄金可以被输往一个具有更高购买力的国家，则它必定会流向该国，而非流向拥有次优通货的国家，且这种运动将一直持续到最优通货经由黄金的过度流入而被迫跌至次优通货水平为止。那样的话，在黄金被输往的各个国家，黄金将拥有完全相同的购买力。若任何国家使其通货贬值到一个大于这些最优通货的程度，则它将不能获得任何更多的黄金。实际上，在战争期间，情况并未表现得如此简单。贸易自由受到太多限制，以致各国不能采取一个对黄金购买力的彻底调整。交战国首先必须确保它们能从那些它们能从中获取商品的国家那里获得商品，出于该原因，它们甚至把它们的黄金输往那些较其他国家黄金购买力更低的国家。

直至战争结束和部分贸易自由得到恢复后，人们才开始意识到，许多此前曾成功输入黄金的国家，事实上在如此长的时间里使本国货币处于通胀状态，以致这些通货在价值上远低于黄金。所有欧洲中立国和英国的情形均如此。当时，美国的通货单独处在一个水平，黄金只能流向美国，且黄金的价值由美元的价值所决定。但是，由于美元货币的通货膨胀一直都在继续，黄金的价值必然会成比例地贬值。实际上，通货膨胀——虽略有中断——一直持续到了 1920 年春，因此黄金贬值也一直持续到了那个时候。

但是应该注意到，即使美国也未发现有可能在战争期间维持一种行之有效的金币。黄金输出从 1917 年 9 月起就被禁止，且这项禁令直到 1919 年 6 月才得以废除。故而，在这段时期，美元可能相对于黄金出现贬值。有时，黄金在远东也可能具有比在美国更大的购买力。从 1916 年 6 月美国禁运令撤除后旋即出现的对东方的大量黄金输出中，可以很明显地看出情况正是如此，它和一年多以来向南美洲的大量黄金出口一起，导致美国的黄金贸易出现了一个净出口余额。在这段限制时期，黄金在某种程度上仍然找到了从欧洲流向美国的途径，尽管同时它们也从美国流向了其他国家，特别是远东和阿根廷。但是，从 1920 年 9 月起，美国每个月都有一个黄金进出口的净剩余，有时甚至异常庞大。因而，在黄金大量涌入那些具有最高购买力的国家不久后，世界贸易就变得自由起来。

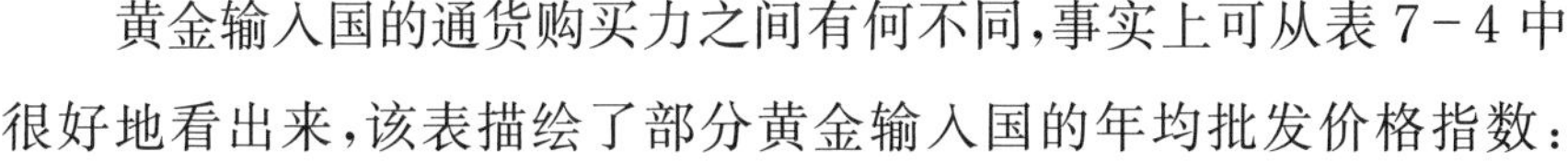

黄金输入国的通货购买力之间有何不同，事实上可从表 7－4 中很好地看出来，该表描绘了部分黄金输入国的年均批发价格指数：

表 7－4

年份	瑞典(《瑞典贸易杂志》)	英国(《经济学人》杂志)	美国(劳工统计局)	荷兰(中央局的相应统计)	日本(日本中央银行)
1915	145	123	100	149	97
1916	185	161	123	234	117
1917	244	204	175	298	148
1918	339	225	196	398	196
1919	330	235	212	303	240
1920	347	283	244	285	260

尽管荷兰和瑞典在战争期间有着相对而言非常强劲的通货膨

胀，它们却能进口数量相当可观的黄金，这一事实是上文提到的世界市场反常情况的结果。但最终数据表明，这里讨论的所有欧洲国家的通货价值实际上几乎跌到了美元价值之下。因此，这些国家只能通过封锁措施来保住它们的黄金。自由黄金(free gold)流向了美国。在英国，通货价值低于金平价的实际下跌显示在如今定期公布的伦敦黄金报价中。它们以每金衡盎司纯金合多少先令来计量，旧的平价为 84.96 先令(即等于 84 先令 11.5 便士)。1921 年 6 月，平均报价是 108 先令 10 便士，也就是说，约比平价高了 27%。但到了 1921 年 12 月，平均报价已经降到 99 先令 4 便士。

黄金输入国纸币流通量和存款的增加本身已显示出了抑制黄金流入的作用。若不是因为这种增加，一个金本位制国家将不得不进口更多的黄金，且这些黄金无疑会在某种程度上推升物价水平。通过创造额外的通货并由此自动地迫使物价水平上升，该国便能阻止黄金流入，而且若通货膨胀的过程持续的时间足够长，它甚至能够彻底禁止黄金流入。因而，我们可以说，在我们现在正讨论的这类国家中，新的银行通货将会与黄金相互竞争，并且它降低了整个世界对黄金的吸收能力。由于那些借助通货膨胀作为驱逐黄金之首要措施的交战国的情况显然如此，我们有理由将新的银行通货与黄金之间的竞争视为黄金价值下跌的一般性原因。

通货膨胀过程以这种方式成了黄金价值下跌的一个原因，这一事实只有战争经历才能揭示。当然，人们早就意识到，一个不能拿黄金兑换其纸币的国家将沦为一个其通货价值低于黄金价值的纸币本位制国家。当用该国通货来估价时，黄金便有了一个“贴水”,而且会从该国消失不见。于是,人们颇为满足于声称讨论中的通货已经丧失价值。任何人显然均未想到这种变化也可能会对黄金价值产生某些影响。但就像现在一样,当这样的一场革命在世界上大多数最重要的国家同时发生时,人们并不能逃避世界通货数量的总体增加必定也会导致黄金价值出现一个下跌的事实。由于人为创造的通货的竞争,黄金的货币效用已经出现了相对下降。若所有国家同时采用一种贬值到相等程度的纸币,且在一个相似的程度上减少它们对黄金准备金的需求,则对黄金价值的压力将会非常大,而且我们可能甚至已经见证了黄金价值降低到纸币水平的悖论,其结果是这些国家的金平价仍然得到了维持。

8. 对黄金的排斥

黄金接受国还通过更为直接的方法，也就是，通过简单地将黄金排斥在它们各自的货币体系之外来试图使自己避免不合需要的黄金流入。为此，自由铸币在一些国家被暂停，这些国家的央行有义务以一个它们已从该义务中获得免除的固定价格来收购黄金。这种黄金排斥政策是1914年以后货币史上最引人注目的现象之一。千百年来，黄金一直是所有支付手段中最主要的一种，现在它却被贬低，且被认为不如一种纯粹的纸币。通过率先实行这种黄金排斥政策，瑞典已将全世界的注意力吸引到它的货币状况上，因此对瑞典在这方面所采取的措施作一稍加详细的解释，就理所当然了。

黄金排斥政策在瑞典的正式实行始于1916年2月8日一项特别法和各种皇家法令的通过。通过这次立法，瑞典使本国通货从其同黄金的关联中脱离开来，瑞典克朗的价值由此便能上升到金平价之上。

在采取这项异乎寻常的措施时，瑞典央行除了考虑自身的经济利益外并无其他动机，如今回顾当初考虑这些利益的视角有多琐碎仍颇令人好奇。瑞典央行的黄金储备在1914年年底总计为1.085亿克朗，且即使到1915年11月底也没能超过1.133亿克朗，但到该年年底时却增至 1.246 亿克朗。因此，从 1916 年起，该行发现自己已能恢复以黄金兑换纸币。关于进一步的事态发展，该行 1916 年的《年鉴》有如下陈述：

> “黄金储备继续从 1915 年年底的 1.246 亿克朗增加到 1916 年 1 月 31 日的 1.423 亿克朗，到 2 月 5 日又增至 1.603 亿克朗。鉴于黄金储备的这种急剧增长，委员会于 2 月 4 日向政府发了一份包含以下措辞的通讯：
>
> “‘根据规范瑞典国家银行的法律的第十条，瑞典央行必须出于本行的考虑，以每千克纯金合 2480 克朗的价格兑换被输送至铸币厂的金块，其中包括不到 $\frac{1}{4}$% 的铸币成本。
>
> “‘制定本法令的目的是能在正常条件下，当瑞典央行可以毫不费力且无明显损失地出售任何不为该行自身目的所需的黄金时生效。但是，目前外汇市场的汇率使该行不可能在没有非常可观的损失下，处置这些该行自身已不再需要的黄金。
>
> “‘此外，由于瑞典央行的黄金储备现在达到了一个被认为能充分满足所有可能的需求的数额，委员会认为《瑞典国家银行法》第十条规定的瑞典央行必须购买转移到它那里的黄金的责任应被暂停；为此，委员会恭敬地主张政府应乐于向议会建议上述条款出于该目的而适时进行修改。’
>
> “因此，必须为暂停根据《铸币法》第九条所赋予的拒绝接受转移至铸币厂的价值 20 克朗或 10 克朗的黄金这一普遍权利提供机会。”

由此，我们发现瑞典央行对待这件事情就好像它只关心该行的私人便利。上述通讯并未让我们明白，委员会有任何关于事实上黄金不受限制地流入一国流通领域完全是金本位制一个典型特征的概念。黄金自由流入的暂停在非常重要的一点上，即在法律对通货价值升至黄金价值之上的限制上，实际上相当于瑞典金本位制的暂缓实行。原则上，这样的措施意味着瑞典通货已转变成一种受限于黄金价值的任何下降趋势（纸币总可以被兑换成黄金），而不能自由升至任何更高价值的自由本位制。

就个人来说，我认为瑞典通货角色发生如此根本的变化，不应该只是出于瑞典央行私人利益的考虑，在它们可能对瑞典国家金融所具有的意义上，其无论如何必须被视为在对整个经济生活具有如此根本性影响的事件中有着第二重要的意义。作出任何改变均须以国民经济方面的动机为基础，这些动机本身将证明货币体系的改变是合理的。但情况却是，对瑞典而言，使本国通货避免进一步卷入黄金价值的下跌中具有至关重要的利益。避免这种情况的唯一途径是将瑞典通货排斥在任何来自国外的黄金的进一步流入之外。

因此，当 1916 年 1 月底瑞典央行询问我对这件事的看法时，我主张排斥黄金的动机应建立在有必要“阻止国内一般物价水平出现一个更显著的上涨及由支付手段的无谓增加所导致的其他有害结果”的基础上。在我看来，这种观点理应可以证明如下：

> “由战争所造成的物价普遍上涨，不仅堂而皇之地出现在目前拥有一种不可兑换纸币的国家，而且（尽管无疑在一个较

小的程度上)也出现在拥有一套行之有效的金本位制的国家,且就此程度而言,必须被视为暗含着黄金本身的一个贬值。由于瑞典央行现已恢复用黄金兑换其纸币,因此瑞典的通货价值将取决于黄金的价值,货币单位非常低的内在价值完全可以被看成是黄金本身出现贬值的一种迹象。只要黄金能够自由输入瑞典,瑞典的一般物价水平就不可能保持明显低于其他拥有一种有效金币的国家,故而黄金价值的每一次额外下跌必会导致瑞典克朗出现一个相应的贬值,其结果便是一般物价水平的成比例上涨……

“由于瑞典央行有责任购入所有被提供给该行的黄金,外国便拥有了以黄金支付代替商品支付来凭己所好地影响它们对瑞典付款的选择权。但在目前的情况下,外国负债应尽可能以我们急需的商品为形式偿付,这一点是尤为可取的。若进一步的黄金支付能被避免,则瑞典的这种利益无疑会更容易得到满足。同样清楚的是,虽然黄金支付有一个增加支付手段数量并进而推升一般物价水平的直接倾向,以实物支付却有一个增加商品数量(支付手段的总量仍然不变)且因而倾向于降低瑞典物价水平的相反的效应。

“这种黄金流入——中立国目前必须对此进行估算——很容易使支付手段数量出现一个不稳定的增加,其反过来倾向于促成一场可能会导致过度投机,并进而可能以经济危机告终的投机性产业扩张。尽管在瑞典我们已基本上避开了这些后果,但它们具有一种如此严重和危险的特性,以致我们完全有理由使自己免遭它们的危害。”

截至 1916 年 2 月 18 日，一项授予瑞典央行所要求的诸多权力的法案已经获得通过。但是，自由铸币权一直到 4 月 28 日，即在瑞典同丹麦和挪威签订了关于暂缓实行货币同盟所制定的规章的必要协议之后，才被暂停。

随着这项立法的通过，迄今仍阻碍瑞典通货上升到其金平价之上的约束得以放宽。这种黄金排斥是一项有着如此重要意义的措施，以致后来研究货币史的作者总是对它表现出很大的兴趣。确实，以前出现过一种金属货币接近于其所依据的金属的情况。不过，这里的问题和白银有关，立法意图是将通货价值推升至一个不断贬值的白银之上，以便可能使通货与黄金之间保持一种恒定关系，甚至可能的话，建立一种实际的金本位制。荷兰在 1873 年所采取的行动和人们经常提到的 1893 年 6 月印度铸币厂对银币自由铸造的关停，提供了这方面的很好例子。但是，禁止黄金自由进入金币铸造是迄今为止闻所未闻之事，且事实上是一项与排斥白银处在完全不同一面的措施。目前，不存在任何把通货建立在一种价值更高或更恒定的金属上的想法。原则上，对黄金的排斥意味着朝一种不受任何无关金属调控的，仅着眼于本国在确立一套尽可能稳定的价值标准中的利益的自由本位制的过渡。货币的发展长期以来一直倾向于使金本位制普遍通用，而且在战争爆发前，这个结果实际上来说已经实现。即使这种金本位制应被视作略为逊色的，纸币也应开始接受一个比黄金更高的价值，正是这一点使 1916 年 2 月瑞典所采取的行动尤为引人注目。

拿什么公开作为一项重要行为的动机向来不是一件无关紧要之事，赋予该行为独有特性的往往是这种动机。行为所基于的缘

由，为在千变万化的环境中追求一个始终如一的行动方案提供了最可靠的支撑。瑞典对黄金的排斥是一项如此重要的行为，因此它必然要受强大的动机所支配。但正如从前文可推测的那样，这里官方提出的实际上是一个非常糟糕的动机。对瑞典央行私人经济利益的考虑，就此处论及的措施而言，事实上理应被视为一个极其乏力的动机。不久前的事实已经证明，缺乏明确的动机和深思熟虑的目的不可能使瑞典的黄金排斥政策得到合理实施，而且动机的琐碎也使斯堪的纳维亚邻国本质上更加难以在一项统一的斯堪的纳维亚货币政策下达成积极的合作。

彻底排斥来自国外的黄金供给并未受到上述立法的影响。事实上，根据仍在生效的斯堪的纳维亚货币同盟，挪威和丹麦的金币在瑞典是完全合法的货币，因而斯堪的纳维亚邻国能通过将它们的金币输往瑞典，来自主支配瑞典的购买力。根据瑞典同挪威和丹麦之间关于暂缓实行自由铸币权的协议，这两个国家也须禁止国外黄金输入。故此，他国不太可能通过将黄金运往挪威或丹麦使瑞典的黄金排斥政策失效，并通过在这两个国家熔铸黄金把它们输入瑞典。当然，这并不排除上述两国本身——也就是它们的央行——熔铸黄金并把金币输送到瑞典的可能性。但是，瑞典理所当然地认为，这种做法不会被采纳，设若瑞典使本国切断国外黄金供给的愿望被适当遵守。

然而，这种愿望并未实现。自 1916 年秋(包括 1916 年秋)起，挪威和丹麦金币开始大量输入瑞典。瑞典央行持有的斯堪的纳维亚金币数量在 1916 年增加了 1780 万克朗，1917 年又增加了 3650 万克朗，也就是说，两年内共增加了 5430 万克朗。这种增加一直到 1916 年 9 月才开始出现。截至 1915 年年底，该行的斯堪的纳维亚金币存量达到了 5540 万克朗，且此后大体恒定地保持到了 8 月（包括 8 月），8 月底的存量为 5490 万克朗。使丹麦和挪威央行将黄金输送至瑞典的是以下事实，即它们的通货较之瑞典的通货而言出现了贬值，从 1916 年 8 月（包括 8 月）起明显地降到了面值之下。克里斯蒂安尼亚（挪威首都奥斯陆的旧称。——译注）和哥本哈根的每月平均汇率如表 8－1 所示：

表 8－1

		克里斯蒂安尼亚	哥本哈根
1916 年	7 月	100.00	100.00
	8 月	99.95	99.02
	9 月	99.15	97.47
	10 月	98.26	96.60
	11 月	97.98	95.88
	12 月	96.10	94.19
1917 年	1 月	95.15	93.28
	2 月	95.05	93.47
	3 月	98.52	96.45
	4 月	98.07	95.57
	5 月	98.04	95.83
	6 月	97.60	96.18
	7 月	94.93	93.96
	8 月	92.01	91.71
	9 月	91.32	91.06
	10 月	86.19	86.13
	11 月	86.95	86.43
	12 月	95.90	93.11

由上表可以看出，从丹麦和挪威向瑞典输送黄金在1916年8—9月之前都不能有所回报，因此很自然地，如我们可以从上文所引数据中推断出的，斯堪的纳维亚金币直到1916年9月才开始输入瑞典央行。到9月底，瑞典央行持有的斯堪的纳维亚金币数量已经达到约6040万克朗，且这种增长一直持续到了1917年年底，当时的总持有量高达1.097亿克朗。

在这种不合需要的斯堪的纳维亚金币输入的压力下，瑞典央行于1917年2月10日向政府发了一封信件，诉请政府同挪威和丹麦政府召开着眼于阻止这种输入的谈判。信中包含如下内容：

> "根据1873年5月27日通过的《斯堪的纳维亚货币协定》第九条，依照该协定章程铸造的丹麦和挪威金币在瑞典是合法的货币。这为黄金不受限制地涌入瑞典打开了一条通道。目前已非以金块或外国金币为形式的黄金的购买者的瑞典央行，最近屡屡被提议购入外国金币。尽管能以显著低于平价的价格获得这些金币，这些提议却遭到了拒绝。但是，没有任何措施能阻止瑞典央行拒绝购入的相同黄金被丹麦或挪威购入，并在丹麦和挪威被重新铸造成金币后输入瑞典。若确实如此，结果将使瑞典央行被迫在平价上接手以挪威或丹麦金币为形式的该行此前拒绝以显著低于平价的价格购入的相同黄金。在这一点上，铸币成本无足轻重，因为它只代表了瑞典央行在黄金被重新铸造之前购入它们时的很小一部分逆贴水。很显然，随着丹麦和挪威通货与瑞典通货相比贬值加

大，以斯堪的纳维亚金币向瑞典偿付挪威和丹麦债务的倾向出现了同等程度的增加。目前，丹麦和挪威通货的贬值程度分别约相当于 7%和 5%。

“根据彼此间私下达成的一项协议，（瑞典、丹麦和挪威）三国央行保证，在未首先咨询黄金被建议输往国的央行的情况下，不提议批准它们中的任何一国把黄金输出到其他两个斯堪的纳维亚国家中的任何一国。尽管瑞典央行由于这项协议而在一份公布的声明中明确宣称其本身不愿意接受黄金，但是以丹麦或挪威金币为形式的黄金仍被移送至该行。通过这种方式，丹麦和挪威成功地以票面价值获得了瑞典克朗，然而，若这种追索权没有被放开，它们将不得不为当时盛行于克里斯蒂安尼亚或哥本哈根的瑞典克朗支付一个贴水。换句话说，若《货币协定》中没有规定丹麦和挪威金币可在瑞典充当法币的条款，则瑞典央行将不得不承担挪威和丹麦相关各方本身所必须承担的汇兑损失。

“为了使上述立法修正的目的不因丹麦和挪威金币被输往瑞典而遭到挫败，委员会的意见是应采取措施以达成一项关于撤销《货币协定》第九条条款的协议，该条款的大意是：依照该协定铸造的金币在三个国家都应是合法货币，同哪个国家铸造了它无关。若该条款被撤销，其结果便是目前被暂缓实行的，涉及获取转交给铸币局的金块黄金权利的第十三条规定，也将不得不从该协定中被撤销。

“毫无疑问，即使在最有利的情况下，达成这样一项需相关国家国会共同合作的协议也需要一些时间。但是，若三国政府一致宣布，只要为达成一个关于《货币协定》修正案的协议而召开的谈判继续进行，它们自己——就斯堪的纳维亚金币而言——愿意严格维持反对黄金输入的禁令继续有效，那么在这一点上的所有麻烦将得到避免。”

由于瑞典央行的提议，斯堪的纳维亚三国政府的代表于1917年4月17日在斯德哥尔摩召开的会议上齐聚一堂。除了三国央行的行长外，每个国家还增派了一名额外代表出席该会议。会议的唯一结果是产生了一项协议，该协议被提交给各自政府，其主张反对黄金输入的现行禁令应该被严格遵守。

经过一段时间后，这项协议得到了执行，而斯堪的纳维亚金币的输入“直到1917年秋”(《关于调控货币价值措施的报告》，1918年7月30日，第12页)，仍在继续影响着瑞典央行的纸币发行量。

由前文可以明显看出，1916年，瑞典在一段持续7个月的时期内实际上禁绝了黄金的自由输入。此后是一段持续将近1年的时期，该时期内尽管法律禁止黄金输入，但瑞典仍饱受斯堪的纳维亚金币流入之苦。但是，自1917年秋起，黄金排斥政策开始发挥效力，瑞典货币由此成了一种自由纸币本位制，其价值不会因黄金价值的持续下跌而被压低。

对瑞典通货在这些不同阶段的进展情况作一个更仔细的研究是颇为有趣的。不顾黄金排斥政策，瑞典央行仍主动地购入黄金，且很可能多半是以低于以往金平价的价格。表8-2给出了瑞典央行历年年底所持有的黄金总量，以百万克朗计：

表 8-2

年份	黄金持有量	年份	黄金持有量
1913	102.1	1918	285.6
1914	108.5	1919	281.2
1915	124.6	1920	281.8
1916	183.5	1921	274.7
1917	244.5		

在黄金排斥政策被采用时，瑞典央行的黄金储备达到了1.603亿克朗(1916 年 2 月 5 日)。从那时起一直到 1917 年年底，黄金储备增加了 8420 万克朗。由于 1916 年和 1917 年间输入的斯堪的纳维亚金币数量仅为 5450 万克朗，因此不难推断，自黄金开始遭排斥到 1917 年年底，黄金储备因为其他地区的黄金供给而增加了 3000 万克朗(取整数计)。由于在未考虑斯堪的纳维亚金币同一时间大量输入的情况下如此，故几乎很难认为，斯堪的纳维亚金币的输入导致黄金存量出现了一个高于其本可能发生的增加。现存事实给出了以下明确的印象，即来自丹麦和挪威的黄金输入本身对瑞典央行而言并非如此棘手，因为事实上通过这种输入，该行被迫在其本身可能以显著低于面值购入的平价上接手黄金。瑞典央行向来认为，其不应对持续至 1917 年秋的瑞典货币通胀负责，因为在那之前该行实际上并不能控制其黄金输入。从上述所引数据中可清楚地推断出，这种对黄金排斥政策的采用到 1917 年秋这段期间的辩护应引起多大的关注。

此外，恰如有时所认为的，黄金的被迫输入并未左右瑞典央行的货币政策是显而易见的，这主要基于以下事实，即在黄金排斥政

策被采用到 1916 年年底期间——在此期间这项政策颇有成效——该行的外国资产持有量从 1.776 亿克朗(2 月 5 日)增加到 2.364 亿克朗(8 月 31 日),或者至少增加了 5870 万克朗。从维持瑞典通货价值的角度来看,在禁止本国输入黄金的同时,却使自己背负上大规模的外国资产是毫无意义的。确实,就国内经济而言,瑞典央行将其纸币发行建立在计息的外国资产,而非不产生利息收益的黄金持有量的基础上似乎更有利。但即使这种对私人利益的考虑也将被证明是一个致命的错误,因为后来瑞典央行的外国资产由于外汇贬值而遭受了巨大损失。

为了阐明强加给瑞典的黄金流入对货币通胀的影响如何可以相对忽略不计,引用一些表明战争爆发以来瑞典纸币流通量增加情况的数据可能是有用的。对于 1916 年第四季度,我算出的相对流通量增加指数为 136。因而,在任何不合需要的黄金输入通过国际性的黄金价值下跌被强加给瑞典央行之前,流通量已经增加了 36%。催生黄金排斥政策的黄金流入使流通量指数从 1915 年第四季度的 136 上升到 1916 年 2 月的 144.3。虽然瑞典央行现已从被迫的黄金供给所带来的不便中略有缓解,流通量指数仍上升到了 1916 年 8 月的 157.8。1917 年第三季度的平均指数为 210,但考虑到该行同时也在从其他地区大规模购入黄金(750 万克朗),且在讨论的这段时期内纸币增加量多达斯堪的纳维亚黄金输入量的好几倍,把这种流通量的重要增加归因于斯堪的纳维亚金币的被迫输入明显是错误的。以绝对数值计,瑞典央行的纸币流通量在 1916 年 8 月 31 日总计为 3.455 亿克朗。在 1917 年的这个日期,流通量为 4.671 亿克朗。因而,这一年间增加了 1.216

亿克朗。在同一时期，斯堪的纳维亚金币持有量从5490万克朗增加至8620万克朗，也就是增加了3130（原书为3120，疑有误。——译注）万克朗。这个增加并不比同一时期纸币流通量增加额的四分之一多多少，因此任何人试图通过丹麦和挪威黄金的被迫输入来解释在此期间纸币流通量不合需要的增加，都将发现自己处于一个明显站不住脚的位置。

在斯堪的纳维亚黄金输入的压力——甚至在瑞典央行看来——已不再对纸币流通量有影响之后，后者反而出现了一个比之前规模更大的增加。纸币流通量指数从1917年第三季度的210.0上升到了1918年12月350.0的最高值。此后，它跌至了1919年9月307.1的最低值，并再次于1920年8月上升到330.1的新的最高值。从这些数据可以明显看出，其他最终导致了瑞典国内通货膨胀的因素自战争爆发以来一直在起作用，而且事实上应对纸币流通量的大幅增加负责。被迫的黄金输入也许可以被当作1915年11月至1916年2月8日期间（瑞典纸币流通量大幅增加）的一个促成因素，但数据并未表明，这段时期若未出现强制的黄金输入，纸币增加将会停止的假设有任何真理性的成分。除了这一时期外，瑞典央行黄金储备的增加并未受到来自外部的强迫推升，因为几乎全部时间该行都不得不购入黄金，以维持规定的黄金数量来支撑其不断增加的流通量。

而且，关于物价上涨的研究表明，黄金的被迫输入并未产生任何非常重要的影响。根据《瑞典贸易杂志》（*Svensk Handelstidning*），1915年第四季度的批发价格指数为155，从中我们可以推断，这些价格在受到黄金输入的影响之前必然已上涨了将近

50%。1916年第一季度的指数是164,这绝不是一个非常显著的增加。第三季度的指数为191;因此,尽管这一时期实行了黄金排斥政策,它已经经历了一个相当大的增加。根据瑞典央行,从此时起一直到1917年第三季度的这段时期内,斯堪的纳维亚金币的被迫输入是导致瑞典通货膨胀的一个决定性因素,指数上升到了249,一个与1917年至1918年第三季度期间上升至351相比略微温和的增加。通过对社会委员会计算出的未经加权的食品价格指数进行研究,即可得出一个类似的结论。一个正在核查第49页描绘物价上涨和纸币流通量增加的图表的经验缺乏者绝不会想到,从1915年下半年到1916年第一季度,任何具有导致物价上涨之特定趋势的要素已显示出了它的影响,并在随后销声匿迹。

不可否认,瑞典的黄金排斥政策被证明是一个严重的失误。如随后事件所证明的,若瑞典继续允许黄金像在正常条件下那样自由输入,因而使本国通货的购买力可受这些黄金的调节,则情况原本会好得多。如果那样,瑞典央行将获得大量的黄金库存,且该行的国内贷款和它的其他计息资产很有可能减小到一个最小值,甚至流通中的纸币也完全有黄金可供兑换。故而,相比于瑞典央行后来不得不划销的数额庞大的外国资产,其所遭受的利息损失无疑被证明是非常微不足道的。如此,在战争结束之后,瑞典本将有一种行之有效的金币,瑞典克朗和美元之间的以往平价至少将大致上得到维持。现在,瑞典实际上确实在短时间成功地使它的通货保持在一个高于金平价所对应的价值上。但这样做却得不偿失,因为无论如何瑞典的货币通胀仍在继续且被推升至如此高位,以致其相对于商品的购买力最终降到了远低于黄金购买力的水平。战争结束之后，人们逐渐明白，瑞典货币事实上是一种贬值的纸币。

因此，当人们开始要求用黄金兑换纸币时，瑞典银行不得不再次请求豁免这项责任。这一请求在 1920 年 3 月 17 日获得允许，从那时起，瑞典通货公开显示出自己是一种贬值的纸币。一项曾把保持瑞典货币价值高于黄金价值作为自身任务的政策所带来的这种可耻结果，完全应归咎于持续的内部贬值。倘若充分意识到不可能抵抗强加于这种通货膨胀之上的因素，那么采用一项黄金排斥政策显然是毫无意义的。瑞典经济学家有时因支持一项像瑞典黄金排斥政策那样被证明如此不成功的措施而饱受外界批评。但错误不在他们身上，而是在瑞典央行方面。后者在采取黄金排斥措施时一开始就没有明确的货币政策目标，并且继续采取该项措施的过程已表明，这样的货币管理措施无论如何不能近似地维持瑞典通货和黄金的平价。必须公正地认识到，交战国对瑞典信贷稳定增长的需求，连同瑞典国内巨额增加的公共支出，使抵抗持续的通货膨胀比黄金排斥政策最初被采用时所能合理预期到的要困难得多。

瑞典的黄金排斥政策无疑对其他欧洲中立国的黄金政策产生了一个重要影响。丹麦和挪威效仿瑞典的做法，禁止黄金自由流入本国。但是，这些国家的央行继续大规模地购入黄金，尽管在头几年它们或许能以显著低于面值的价格获得这些黄金。丹麦和挪威从未对排斥黄金的政策表现出任何特别的兴趣，央行能以低于成本价的价格购入黄金的优势，以及它们不愿使自己被迫持有一个很大的不计息黄金储备，很可能成了它们所采取的政策的决定性因素。丹麦和挪威在维持本国通货的内在购买力上甚至不如瑞典成功。从 1916 年(包括 1916 年)起,这两国的通货膨胀变得比瑞典还要剧烈,而且当世界建立了一个自由的黄金市场时,丹麦和挪威通货相对于它们金平价的贬值程度显然远比瑞典通货要大。

在荷兰,虽然金本位制得到了官方拥护且据称黄金以平价被接受,但是央行仍旧明确掌控着其希望购入多少黄金的决定权,并利用自己的这项权力抵制任何被视为不合需要的黄金输入。这项限制性政策的结果是,自战争爆发起便一直持续的荷兰央行黄金存量的大幅增加在 1916 年中期被打断,但 1917 年中期又在一个略微下降的规模上得到了恢复。

在一段以黄金价值的严重下跌为特征的时期,黄金排斥政策对欧洲中立国而言被证明是相当合理的,倘若其建立在一种有意识地阻止本国通货被卷入这种贬值的愿望之上的话。阻止一种通货的购买力出现与黄金购买力相同比例下降的唯一可行方法,无疑是排除该通货与黄金之间存在任何关系的可能性。这在任何方面都不必然意味着对金本位制的明确放弃。事实上,人们似乎认为黄金价值的下跌只是暂时的,一旦世界形势变得更为正常,黄金价值即有望出现一个上涨。在这一假设下——事实上它已经被证明是正确的,试图阻止通货紧随黄金下跌至一个最低值可能是一项合理的政策。一国在其自身通货购买力之稳定性方面的利益,要求采取诸多努力使这种购买力保持在黄金购买力有望于未来某个时候恢复的水平。这将有助于避免一种只会增加问题困难程度的通货价值的波动。

但是,几乎任何国家的央行在它们的黄金排斥政策中都没有设定这样一种合理的目标，它们也从未能坚持这样一个目标。这仅仅是由于以下事实，即这些中立国均未能成功阻止通货膨胀的推进。交战国方面对信贷越来越迫切的需求，连同反常之高的国家支出和一项维持过低利率的银行政策，迫使人为购买力的创造增加到了一个前所未有的程度。这导致中立国的通货出现了和黄金输入无关的贬值，而且即使该国已如此彻底地禁止黄金的自由输入，也是无济于事。事实上，通货贬值的幅度如此之大，以至于其价值跌到了黄金价值之下，尽管黄金价值也在持续下跌。直到战争结束和世界黄金市场已恢复到可以说存在一个大抵相同的黄金价值这等自由程度之后，中立国通货的贬值才充分显示出来。但是，甚至中立国也已开始禁止自己从国外进口黄金这一点，由纸币流通量的持续增加及这些国家物价水平的上涨来看非常明显之后，它们依然存在一个非常剧烈的通货膨胀。故此，在所有的中立国，黄金价值的下跌——特别是 1916 年以后——都不是通货贬值的基本原因，而是独立发生在各自国家的通货膨胀过程的结果。

若我们考察一下汇率的变动情况，就能最清楚地看出这点。早在战争爆发后不久，金本位制便开始遭到废弃，中立国通货沦为了自由的纸币本位制，其中黄金及英镑和美元等通货的报价高于面值。在斯德哥尔摩，1914 年 8 月英镑(1 英镑面值 = 18.16 克朗)的平均报价是 18.36。其继续稳步上升至 1915 年 3 月，当时它达到了 19.43 的最高值，此后它开始下跌，且一直到 9 月之前都未明显低于面值。美元汇率(1 美元面值 = 3.73 克朗)在 1914 年 8 月达到 3.78 的平均值，且随后于 1915 年 3 月触及 4.05 的最高值。接着它开始出现下跌，最终使美元在 1915 年 11 月跌至面值之下。在克里斯蒂安尼亚和哥本哈根，情况也差不了多少。到1915年年底，瑞士通货跌到了远低于其同瑞典通货的平价水平，因此那里的黄金贴水仍然更高。在所有的中立国通货中，荷兰通货最好地保持在了同黄金的平价上；但在斯德哥尔摩，其报价直到1916年2月（包括2月）前也都在面值之上（100荷兰盾兑150克朗）。在某些月份，平均报价甚至超过了160，且在1916年1月仍旧高达159.99。因此，从战争爆发到1915年年底前后，黄金价值的下跌毫无疑问已经压低了中立国通货（荷兰通货除外）的内在价值。在此期间，这里提到的其他中立国所发生的非常可观的物价上涨，应归于每个特定国家出现的独立的通货膨胀。如我们已看到的，商品的稀缺性在某种程度上是一个促成因素，但是相对而言，其在讨论中的这段时期并非很明显。

从1915年秋——当时，基于外汇市场的条件，将黄金输往中立国开始变得有利可图——起，黄金输入事实上已有一个推升这些国家物价水平的趋势。但它们很快找到了避免黄金被迫输入的手段，先是通过一项或多或少被严令实施的黄金排斥政策，然后借助于一个使各自国家的通货远低于它们同黄金平价的通货膨胀，后来又促使美元汇率——其在战争期间和战后不久的时期内并不是美元真实价值的一个公平指标——显著上升至其同欧洲中立国通货的平价之上。

黄金价值的下跌必然会明显地造成一种行之有效的金本位制的价值出现一个相应的下降。若黄金贬值表现为世界市场上商品价格的普遍上涨，则一个拥有行之有效的金本位制的国家企图将物价上涨限制在其本国境内是无效的。在战争期间，当央行为对它们借助通货膨胀推升国内物价水平的指责作辩护时，这个简单的事实得到了它们的积极运用。奇怪的是，在这方面央行有时获得了那些未能对当前事件进行一个更广泛调查的、见解狭隘的经济学家的支持。根据我们现在所获得的经验，黄金贬值同各种不同通货贬值之间的关联是非常明显的，而且关于通货膨胀的直接过程在多大程度上应对通货的内在贬值负责，已不再有任何疑问。大体上，即使对中立国的通货而言，这种贬值也必须被认为是各国独立发展的通货膨胀的结果。造成这种通货膨胀的直接责任始终在各国的央行身上。但即使在中立国，显然也存在侵犯中央银行独立性的情况，可以说它在某种程度助长了通货膨胀。但这种压力是相对的，而且若央行明智地利用它们的影响力，它在一定程度上显然能被避免。由于央行不仅没有这样做，反而强烈支持竭力阻止公众获得一个关于究竟发生了什么的正确观念的官方公告，它们显然不能免遭导致通货膨胀的各种指责。

9. 贴现政策及其作为货币本位制调节器的效能

中央银行应对通货膨胀负责的问题，给我们带来了央行施加于通货价值上的影响问题，以及在多大程度上它们能利用这种影响来维持一般物价水平稳定的问题。央行所掌握的维持一个固定的通货价值的主要工具是它们的贴现率。过去一个世纪以来，人们已经意识到，一项适当的贴现政策——也许辅之以其他一些限制信贷的措施——不仅是一种调节货币单位价值的有效手段，而且事实上是这种调节在实践中得以施行的途径。目前，在战争期间对货币制度完全失去控制的中央银行，表现出它们只是太急于使自己免除所有的责任，根据这一目的可以推出，尽管旧理论在正常时候显然已经足够可靠，但银行利率已不再对纸币流通量的增加或物价上涨具有任何影响。即使现在战争已结束，当存在恢复一种稳定的货币制度的倾向时，对一项合理的贴现政策的需求仍不断遭遇到诸如不可能通过"人为手段"来调节货币单位价值等反对。

在这种情况下，首先弄清楚贴现政策究竟意味着什么以及它在正常条件下的"作用方式"，显然具有基础性的重要意义。

在一个进步的社会，稳定增加的资本需求必须与连续的储蓄相符。新增储蓄往往由那些有新的资本需求的人们所支配。对此，银行只是充当了中介机构的角色。它们只能增加与可得新增储蓄数额成比例的贷款。但是，银行贷款是通过银行通货实现的，对银行通货的创造并不存在绝对明确的限制。因而，一项真正健全的银行政策的标准是银行通货总量不会增加，当然，国家一般性的经济扩张使支付手段需求出现了增加的情况除外。但是，众所周知，这些需求将随季节和工业状况的不同而变化。在一年当中的某些时候和在繁荣的情况下，商品周转量和总的支付规模会出现一个特别的上升，即使物价水平被认为保持不变。通货供给应根据这种不断变化的需求进行调整。但银行必须时刻确保银行通货总量不会出现过度增加，也就是，银行通货不会仅仅为了满足可得储蓄不能满足的资本需求而被任意地创造。作为这种银行政策的一个指南，即使在正常情况下，拥有一个独立于季节性波动的、表示流通量相对变化的流通量指数，显然也是非常有用的。当然，在利用这样一个基于合理理由的指数时，必须考虑到支付方式的改变，因为至少就较长时期而言，可能需要一个不同的通货供给。资本需求和新增储蓄之间日常的彻底调整几乎是不可能的。因此，给予银行通货发行一定的弹性，以使资本需求能在没有干扰的情况下得到满足，是颇为有利的。但是，在持续很久的时期内，这种弹性绝不可被用来满足规模大于同一时期产生的储蓄数量所许可的资本需求。

若银行准许授予超过从经济上来看合理的信贷，则一国的有效购买力将在可买到的商品未出现相应增加的情况下出现增加。因此，其必然的结果便是物价的上涨。这一推论给我们带来了一项正确的银行政策的新规则。信贷供给必须得到调节,以便物价不会发生上涨,且自然也不会发生下跌。为了使信贷需求保持在可用手段的限度内,银行必须采用着眼于该目的的固定利率,但在它们对信贷需求的频繁核查中还必须能影响必要的限制条件。决定一国整个银行系统之利率的主要因素是中央银行的贴现率,除此以外,由于能对私人银行的信贷政策提出日常忠告,央行很自然地拥有一个非常大的影响力。

信贷需求的强度不尽相同。因此,一项旨在维持一个固定的货币单位价值的银行政策,必须不断调整其贴现率,由此以便事实上有可能成功地将资本需求限制在与可得储蓄供给成比例的水平。在这方面,银行利率具有和其他任何价格完全相同的功能。价格的社会经济功能只不过是在各方面取得一种适当的需求限制,因此价格系统的正确性必须从这一目标在多大程度上得到实现的角度来判断。所以,它也特别地与贴现率有关。有时据称,银行必须使它们的利率适应于实际的资本利息。若我们将其视作某种平均利润率,则上述说法在理论上是错误的。而若这意味着银行利息对应于有利可图的最后资本投资的收益,则该规则实际上是不适用的。不管银行维持怎样的利率,可能据此计算的最后的资本投资都将会参照银行利率水平计息,基于这个事实,银行不具有任何针对它们利率政策的指南。故此,应遵循的唯一合理的同时又实际有用的规则是:资本需求必须通过银行利率被限制在现期储蓄所提供的资金总量上以便没有人为购买力及随之而来的物价上涨得到创造。

在正常情况下,一个金本位制国家的货币单位价值借助于央

行的贴现率,或者更一般地,借助于该国的信贷限制保持着同黄金的一个特定平价。作为一个固定的货币价值尺度的黄金,事实上成了金本位制的典型特征。故而,金本位制只不过是一种借助于恰当的银行政策,同黄金保持某一固定比率的纸币本位制。通过一个恰当的信贷限制,通货与黄金之间的平价可以大体上得到维持。因此,确切的平价可通过金币对通货可兑换性的严格支撑得以确保。为此,银行——特别是中央银行——必须持有一定数量的黄金储备。但是,若同黄金的一般平价没能通过一项恰当的贴现政策得到维持,则世界上的任何黄金储备都不能确保一种通货的可兑换性。*

因此,金本位制的价值取决于一国支付手段供给的稀缺性。在这一点上,金本位制同其他货币形式没有丝毫区别。央行金库里的金块库存不具备任何能给通货"注入"价值的神秘力量。总的来说,价值就其本身而言并无内在特性,而是一种由同需求成比例的供给的稀缺性所决定的经济现象。这条规律对于货币的价值也不例外。故而,把银行的黄金准备金比率以任何方式当作本质上决定通货价值的因素都是一个绝对错误的观念。事实上,如通常所声称的,通货的价值并不取决于国家的信用、财务状况和经济资源等,而仅取决于支付手段供给的稀缺性。当然,不健全的国家财政将间接影响通货的价值,因为正如我们根据经验所知道的,其倾向于创造一个超额的银行通货来为国家财政提供支撑。若能防止

* 在我的《社会经济学理论》(莱比锡,1921年版)一书里所论及的货币理论中,我更严密地推出了这一观点。

这种情况，则国家虽可能会陷入破产，该国的通货却仍旧能保持其标准价值。

兑换纸币的责任迫使中央银行采取一项正确的贴现政策，因而其对货币单位价值的维系具有重要意义。但它并非实现这一目标的一种手段。一个固定的价值只能通过适当地限制信贷授予，因而主要通过一项合适的贴现政策得到保持。由于贴现政策实际上能调节金本位制情况下的货币单位价值，以便维持其同黄金的平价水平，一个不可避免的结论是，一项正确的贴现政策也必定能调节自由纸币本位制下的货币单位价值。当然，在这两种情形下都必须假定，国家不会通过其对信贷的需求来强制创造银行通货，而且其自身也不会创造新的纸币来弥补自己的支出。但若这一条件得到满足，中央银行毫无疑问会对一种纸币的内在购买力产生一个决定性的影响。要是任何人对此有争议，他都必须通过回答以下问题去做不可能之事，即还有什么决定了纸币的价值？若不存在决定性的因素，则纸币甚至不可能拥有一个相对稳定的价值。人们似乎相当普遍地认为，即使在纸币的情形下，它们也代表着一个用黄金进行支付的承诺，而且这一承诺正是通货价值所依据的真正基础。若这个观点在纸币仅出现略微贬值时期被其他观点所取代得到认可，则它也是情有可原的。但是，面对由战争所导致的通货的彻底混乱，人们仍然坚持（比方说）马克纸币代表着一个用黄金进行支付的承诺这一观念，从而在使自身熟悉自己对当前货币政策困境问题的判断几乎没有多大参考价值的现实经济生活中表现得如此无能为力。我们必须习惯于把纸币视作一个纯粹抽象的数值单位，其取值完全由支付手段的稀缺性所决定，而这种支付

手段必须是具有实际支付能力的通货。

纸币本位制情况下的货币单位价值取决于中央银行的信贷控制这一事实，不仅对形成一个关于自战争爆发以来货币领域发生了什么的正确判断，而且对现在必须做些什么以重建一套稳健的货币体系的正确决定具有基础性的重要意义。央行对该项责任普遍且坦白的承认，是我们永久性地实现一项以目的所长为特征的货币政策的首要条件。

中央银行在正常条件下还会实行的，同这里我们论及的贴现政策相类似的，是通常所谓的对外贴现政策。其主要作用是使黄金储备免遭来自国外的任何过度要求，而在追求这一目标的过程中，中央银行以其他实行金本位制国家的汇率为指导。当国外黄金需求出现暂时性的增加时，捍卫其黄金储备的愿望可能会使央行提高贴现率，因而可能会超过维持国内货币稳定必须被考虑的情况下所必要的限度。故此，对外贴现政策偶尔可能会干扰国内贴现政策。但总体而言，一国的对外贴现政策具有使其通货同所有其他的黄金本位，进而也同金属黄金之间维持一个一般平价的效果。这即是金本位制下人们丝毫不能假装已成功维持的价值稳定性——在多少有点相对的意义上——的程度。在这样的情况下，央行自然应把它们的主要注意力放在事实上要求它们计日息的对外贴现政策上。管理层习惯于从纯粹的技术方面来看待它们的作用，且如经验所表明的，给定条件保持正常，它们能成功地使该作用得到相当好的保持，而根本不需要深入考察贴现政策的真正意义。但是，当面临由战争所带来的这种混乱时，这样的管理层在某种程度上必定会不知所措。当然，对外贴现政策的实际条件已经受到战争的深刻影响，即使常见主张中存在相当多的夸大之词，认为贴现率已不再与国际收支管制有任何关联。现在，当央行管理层论及贴现率已经失去其往常的效力时，他们多半可能是在考虑支撑他们对外贴现政策的条件所发生的这种逆转。战争爆发之后，中央银行对形势误判的这种心理学解释表现得颇为频繁。若我们加以深入了解，则必须承认，真正受到影响的只是贴现政策的外在技术方面，其作用的本质部分——使国内通货维持在一个稳定的购买力水平——仍未改变，实现该目的的手段基本上同以往一样。

某些圈子如此乐意接受的关于贴现率效率低下的教条，事实上绝非像它的提倡者试图使我们相信的那样得到了如此普遍的认可。在合理的贴现政策的发源地英国，人们对这些事情有一个更清楚的观点，而且在该国，贴现率的有效性也获得了领导者群体的强力支持。如我所述，对于所有企图使世界恢复稳健货币条件的努力，这种对贴现政策有效性的认可是一个首要条件。

确实，贴现政策的条件已经发生改变，就战争爆发以来的情况而言，我们不得不将完全不同于此前我们所习惯的贴现率看作是正常的。但即使在这一点上，当局也花了很长一段时间，才使自己的心态适应于现今我们所必须处理的新的现实条件。战争无疑使资本出现了一个异乎寻常的稀缺，而且认为利率可以被允许维持在一个略高于普遍繁荣时期通常被视作正常的水平是相当不合理的。1914 年以来世界各国中央银行所实行的利率提供了一幅关于资本市场实际情况的完全错误的图景。很明显，人们在大多数情况下假定，根据某种神秘的自然法则，5%应该代表着一个标准，超过这一标准后利率就不该被允许上升，即使在世界大战期间亦然！1914年8月1日，德国国家银行的利率上升到6%，这个利率一直持续到同年12月23日当5%的利率被采取时；此后，在整个战争期间都保持着5%的利率，并持续到今天。确实，英格兰银行的利率在1914年8月1日上升到10%，但在8月6日它把利率降低到6%，并在1914年8月8日进一步降到5%。直到1916年6月13日当它被提高到6%时，都保持着这个贴现率水平。但是，早在1917年1月18日，银行又回到$5\frac{1}{2}$%的利率水平，且在同年4月5日重新降到5%；对这段包括战争最关键时期及和平之初危险的投机时期在内的超过两年半的时期而言，这显然是一个过低的利率水平。从1919年11月6日起，6%的利率再次被采纳，此后银行在1920年4月15日将利率提高到7%。如此高的利率一直维持到1921年4月28日，该日银行利率被降低到$6\frac{1}{2}$%，之后在1921年6月23日和7月21日，它又分别被降低到6%和$5\frac{1}{2}$%。法兰西银行在1914年8月2日将利率提高到6%，但早在8月21日又把它降到5%，在1920年4月8日当贴现率被提高到6%之前，银行在整个战争期间都保持着这个利率值。1921年7月28日，该行再次把利率降到$5\frac{1}{2}$%。

即使是中立国，在战争期间也采用了一个过低的贴现率。荷兰央行在战争爆发之后把贴现率提高到6%，但很快又回到5%，且从1915年7月1日起，该行连续实行了一个$4\frac{1}{2}$%的贴现率。

在战争爆发之后，瑞典央行先后实行了如下利率：从 1914 年 8 月 3 日起，$6\frac{1}{2}\%$；从 8 月 28 日起，6%；从 1915 年 1 月 7 日起，$5\frac{1}{2}\%$；从 1916 年 5 月 1 日起，5%；从 1916 年 11 月 10 日起，$5\frac{1}{2}\%$；从 1917 年 9 月 28 日起，6%；从 12 月 12 日起，7%；从 1918 年 2 月 1 日起，$6\frac{1}{2}\%$；从 3 月 2 日起，7%；从 1919 年 4 月 25 日起，$6\frac{1}{2}\%$；从 6 月 13 日起，6%；从 1920 年 3 月 19 日起，7%；从 1920 年 9 月 17 日起，$7\frac{1}{2}\%$；从 1921 年 4 月 27 日起，7%；从 5 月 6 日起，$6\frac{1}{2}\%$；从 7 月 6 日起，6%；从 10 月 19 日起，$5\frac{1}{2}\%$。

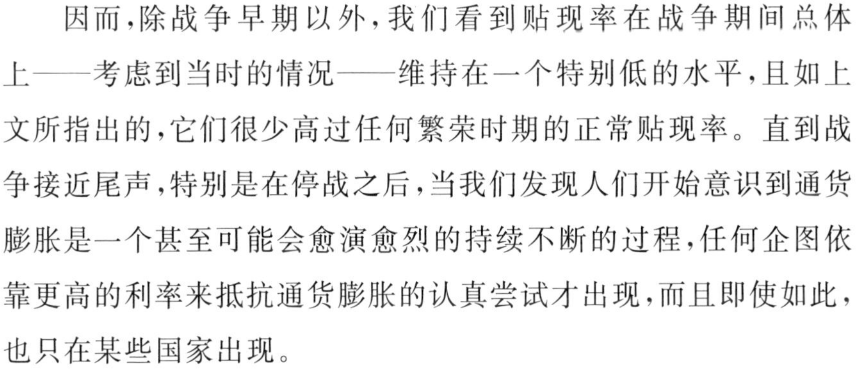

因而，除战争早期以外，我们看到贴现率在战争期间总体上——考虑到当时的情况——维持在一个特别低的水平，且如上文所指出的，它们很少高过任何繁荣时期的正常贴现率。直到战争接近尾声，特别是在停战之后，当我们发现人们开始意识到通货膨胀是一个甚至可能会愈演愈烈的持续不断的过程，任何企图依靠更高的利率来抵抗通货膨胀的认真尝试才出现，而且即使如此，也只在某些国家出现。

中央银行采取弱贴现政策的原因，首先自然在于央行管理层所持有的关于货币现象真实含义的极具模糊的观念。事实上，如我们随即将看到的，管理层已显示出他们非常渴望通过实际公文来为他们观点的模糊性作证。但是，管理层也认为他们自己是有责任的，且实际上有时的确不得不保持较低的贴现率，以便为发行国债做好准备。特别是促使公众认购国债的愿望似乎已经导致银行持续地压低利率。这些观点对银行政策所施加的影响，显然已成了一般性通货膨胀过程中一个非常重要的因素。

与战前通常的利率水平相比，利率的上升在英国和法国似乎颇为明显，而在其他国家，特别是在瑞典，大多数情况下则要小得多。

此外，当论及不同国家的贴现率时，人们必须始终牢记，它们并不是可以直接进行相互比较的。各国央行的贴现率就不同的利率范围而言，实际上处于一个不同的位置。一个较低的贴现率并不必然意味着利率在相同的程度上低于其他采取了一个较高贴现率的国家。关于一般利率标准和信贷限制严重性的适当估计，带来了对各国采取的所有利率及其相对于和平时期通常的利率高度进行一个彻底研究的预先假定。在每一个特定的国家，通货膨胀某种程度上取决于利率同战前所处的相应利率之间的关系。两个国家贴现率的比较并不能给出关于这两国通胀程度的非常确定的指示。如有时所指出的，在这个国家或那个国家实行的较低的贴现率并未伴随着一个特别剧烈的通货膨胀，且如从中所得出的推论所示，通货膨胀并不取决于贴现政策；人们必须牢记，这样的反对意见没有任何意义，除非给予所有的利率以及战争期间各国不同的资本稀缺性程度适当的考虑。

在通货膨胀时期，贴现率和其他利率之间的关系很大程度上也可能会受到干扰。贴现率，以及一般而言，短期贷款利率，可能仍处在一个相对较低的水平，而长期贷款利率却已上升到相当高

的水平。故此,长期贷款利率和短期贷款利率之间的差额已变得更大。这种变化与资本市场的一个实际变化是相符的。在新的通货的创造中得到直接体现的通货膨胀的持续增长,长期不变地使货币市场保持着充足供给,以致低短期贷款利率已变得颇为自然。荷兰(以及某种程度上瑞士亦然)似乎提供了对这方面进行研究的有趣案例。

战争期间发展出了一种解释货币市场宽松性的特殊理论,在该理论中,中央银行往往表现得自己特别感兴趣,因为它们从中发现了对它们努力用相对较低的官方贴现率来简单和唯一地作为资本市场客观条件的一种指标的支持。该理论认为,生产性企业在战争期间售完它们的库存,从中获取货币,而且它们发现把钱存在银行或短期借出去最为方便。由此创造的"流动资本"剩余已经压低了短期贷款利率,并且使央行不可能维持一个较高的贴现率。

在对这一理论通常所作的阐述形式上,就现状而言,我们必须接受太多含糊不清的论调和显而易见的经济谬误。为了举例说明讨论中的现象的真正意义,考虑一个与其他国家相隔绝的国家是颇为便利的。在这样的国家,存货销售是不可能发生的,除非该国国内即将出现购买者。销售者一方所拥有的通货必定来自于购买者一方。若购买者已将这些通货撤出一般流通领域,则这些通货会很自然地通过销售者重新流入市场。如此一来,市场上支付手段的供给仍然不受影响。只有在新的通货被创造以使购买者能支付得起正在出售的库存时,购买力剩余才会出现。现在,这正是战争期间所发生的情形。例如,在德国,新的通货被不断地创造出来,并且由政府所支配,它们用它来购买原材料和半成品、家畜及其他战争所需的供应品。因而，销售者便获得了一笔剩余通货资产，当这笔通货流入市场时，可用于短期贷款的资金供给就会很充足。结果，短期贷款利率被迫出现下跌，而且这可以被看成是德国国家银行使其贴现率保持在较低水平的原因之一。事实上，对事件的这种看法得到了德国国家银行的大力支持，该行在战争前期频繁地重申一种关于德国货币市场状态有多么令人满意的主张。"通过库存削减、必要的产量限制以及外贸限制，"援引该行 1914 年 11 月至 1915 年 4 月期间的《第二备忘录》(*Zweite Denkschrift*)，"数量相当可观的资本被释放出来，从而使货币市场可以获得充足的流动资本供给。市场的有利形势相应地使毫不费力地满足私人资本需求成为可能，也带来了第一轮战时公债的辉煌成功，以及第二轮战时公债更为辉煌的成功。此外，这使德国国家银行委员会能于 1914 年 12 月 23 日年终之前的几天采取不同寻常的措施来降低银行利率，也就是把利率从 6% 降至 5%，而 5% 的利率不仅在战争爆发前不久的和平年代得到频繁采用，并且还经常被超出，最近一次是在 1912 年 11 月 14 日至 1913 年 12 月 12 日。"这种陈述事件的方式显然已极大程度地误导了公众舆论。事实上，极其充足的货币供给既非由库存削减所致，也非由国内经济的任何其他变化所致，而仅仅是由德国国家银行和政府方面所创造的新的通货所致。因此，金融管理部门自身的货币政策导致了这种支付手段的过剩供给，压低了利率，而且根据德国国家银行自己的陈述，使其有可能实行特别低的银行利率。若这一利率被描述成是特别有利的发展的一个结果，则它或许可以通过在战争时期保持信心的必要性来解释；但这样一种对事情的陈述无论如何都是不正确的，而且要想获得任何关于同类问题的清楚认识，人们必须普遍意识到这个事实。实际上，说大量资本通过出售存货被释放出来也是颇有误导性的。从现实的角度来看，一国的流动资本仅包括原材料和半制成品、家畜及类似的进入生产过程的实际货物供应等的储备。把这些供应品的减少描述成可得流动资本的增加似乎是一种相当危险的概念混淆。* 通货的主要职能只是充当构成流动资本的商品的一个交易工具。这种流通资本的减少应该适当地带来一个通货数量的相应减少。一个孤立国的居民所消耗的实际资本在该国转变成了一个(可以说)取代了被消耗资本的相应的通货数量这个观念绝对是错误的。

这些错误的观念自然并不局限于德国，而是被大肆传播到了其他交战国和中立国。相对而言，只有德国的情况完全满足于一个孤立国的条件，这使德国的例子特别适用于澄清此处所讨论的要点。对一个与国外有交往的国家而言，情况要更加复杂。例如，荷兰在战争期间将规模相当大的供应品售往国外，并获得黄金以作为偿付。在这种情况下，实际上发生了出口供应品和进口黄金的互换。供应品的销售者开始拥有了黄金或替代黄金的银行存款余额。市场上开始充斥着大量寻求短期投资的支付手段，利率被迫出现了下跌。但在这种情况下，原因还是通货的反常供给。所不同的是，这种通货现在包括了从国外流入的黄金，而且只要荷兰坚持推行一种有效的金本位制，且并未增加其纸币供给以使自身

* 若支付手段数量出现了同这种减少有关的增加，则我们只能把这种增加视为更加严重。

能成功地抵制黄金流入，它们就不能被阻止流入该国。

这里论及的观点所基于的特定假设(也就是存货被全部售罄)经仔细检查实际情况后，显现出其已被显著夸大了。存货彻底售罄应意味着国家的整个工业生产过程被停止，且所有的进一步生产也被终止。这显然是任何地方都不会出现的情况。确实，在交战国，一些生产部门必须被大刀阔斧地削减，但是作为补偿，其他生产部门将会经历一个极不寻常的扩张。出于私人利益的考虑，可能会售完全部存货以便开始从事某类军事工业，但其资本很快会被用于采购新的存货，故此整个社会所拥有的存货总量并未出现减少。若我们考虑到军事工业的巨大发展，并将各行各业作为一个整体来考虑，则我们无疑会发现关于存货削减的一般估计是被高度夸大了。农业部门流动资本的减少似乎更为可观，特别是在某些国家。

如上文所解释的，提高贴现率就其目的而言会对资本需求产生一个更严格的限制，以使这种需求有望被降低至新的储蓄供给的同一水平。但一直到长期贷款利率也被提高之前，这种需求限制往往将被证明是无效的。因此，问题在于，银行利率对其他利率有何影响？显然，若银行利率在某一期间被维持在一个特定的水平，则它只会对长期贷款利率产生影响。因而，投资者可以自主选择把他们的资本投资于循环短期贷款还是一次性长期贷款，且这些不同类型的贷款利率之间由此必须能够相互调整。长期贷款利率和短期贷款利率之间的联系通过作为短期贷款保证的长期债券的使用得到了强化。提高这些短期贷款利率会降低债券市值，且这种下降将大致与短期贷款利率的上升相一致，只要这个更高的利率被认为会持续一段时间。

由此可见，对资本过剩需求的有效限制一般只能通过采用一个更高的长期贴现率实现。因而，真正旨在对异常高的资本需求进行明确限制的中央银行，必须始终如一地维持一个更高的贴现率，且最好应该事先宣布它打算这么做。若央行在战争一开始就将贴现率提到足够高的水平，且若它们宣布只要战争持续下去，它们将提议坚持这样的高利率，它们显然会发现其他所有的利率很快会上升至一个相应的水平，从而有效限制了资本需求。但是，没有一个国家的央行展现出任何此类实属形势所需的清楚理念。它们的贴现政策既含糊不清又犹豫不决，因而未能对情况所必需的长期贷款利率的上升产生影响。在瑞典，公共债券和工业债券的有效利率在战争早期要低于贴现率。在1915—1916年间的繁荣年代，长期贷款利率处于5%—5 $\frac{1}{2}$%区间的水平。直到临近1917年年底，长期贷款利率才开始上升，这明显受到了（更晚发生的）1917年年底银行利率上升的影响。当1919年瑞典央行把利率降到6%时，长期贷款利率被下调至略低于该值。在贴现率从7%上升到7 $\frac{1}{2}$%以后，长期贷款利率被提高到了一个大致相应的水平。若我们考虑到这种发展，则无可争议的是，瑞典央行本可以对长期贷款利率施加一个有效影响，要是它从一开始就始终如一地采取一个更高的贴现率，并宣布只要战争持续下去它便会提议遵守该贴现率。在1915—1916年间，7%的银行利率被证明是完全合理的，且若它得到一以贯之的维持，毫无疑问会使长期贷款利率上升到一个相应的高度。如此一来，对资本市场的监管将变得

相当有效。

正如所预料的那样，保持过低的银行利率的结果已经显现。但在交战国，并不能把这些影响直接归因于过低的银行利率。如上文已指出的，交战国政府的资金需求导致了人为购买力的创造，这种人为购买力显然相对不受银行利率的支配。随着工业在一个不断增加的程度上为国家所控制，以及资本的使用由此变得几乎完全受制于政府需求，作为私人企业调节器的贴现率，在交战国被证明只具有一个越来越有限的重要性。但是，低贴现率在误导公众关于资本市场实际状况的观念上无疑起到了一个重要作用，且为急于向公众保证存在充足的货币供给而不可能会发生任何贬值问题的金融管理部门提供了支持。人们并非丝毫也不惊讶于其经济推理深受这样一种教条熏陶的公众，在他们最终发现自己所持货币的价值已贬值到了如此巨大的程度，并发现他们自己由于这场灾难而面临重建一套稳健的货币体系的任务时，有多么茫然而不知所措。

贴现率在战争时期的异常情况下效率低下以及央行不能控制通货价值的发展这一官方教条，现在被证明是灾难性的。随着银行逐渐习惯了实行低利率，它们在面对重返和平之后出现的投机时期，以及这一时期出于公共目的而增加的不合理的资金需求时，甚至沦落到了完全不起作用的境地。其结果便是造成了一个额外的通货膨胀和远甚于战争所导致的物价上涨。但是，这也导致了对物价上涨只是战争及其需求和战争所带来的商品稀缺性的结果这一官方教条的最终颠覆，公众开始认识到货币价值已经发生且还在发生着一个实际贬值。即使现在，仍需很长一段时间，更广泛的民众才会意识到贴现政策对维持一个稳定的货币价值的决定性意义。

在中立国,错误的贴现政策自然对工业发展有着更为直接的影响。当资本能够以过低的利率获得时,一国的生产力将在过度广泛的规模上被用于新的实际资本的生产,而直接消费需求的满足将会受到一定的限制。货币被花费在新建筑物、新工厂和新机器上,劳动力和原材料被不成比例地用于实现这类目的。国民经济实现这种转变所依赖的机器便是整个价格系统。由于过低的利率,信贷授予将会超过可得的储蓄,因此将部分地建立在人为创造的通货基础上。增加的名义购买力迫使物价出现上涨,这种物价上涨又对那些未能使其收入实现同比例增加的广泛人群造成了一个宽泛的消费限制。故此,一定数量的生产力得以释放出来,而正是这些生产力可被用于增加的实际资本的生产。这样的过程在任何繁荣时期都可以观察到,但其在战争期间被认为尤为不成比例。

由弱贴现政策直接导致的对行业势力的错误应用,已通过低利率给中立国对外购买力所造成的附带影响严重加剧了。交战国的信贷需求很自然地受到了被保持在不合乎自然规律之廉价的信贷的刺激。当然,似乎可以说,交战国自身的信贷需求并不会仅因更高的利率而受到抑制。但显而易见的是,一个实行特别高的利率的中立国,作为一个借款人市场的吸引力要小得多,因此能更容易地避免不得不去满足的大量信贷需求。此外,中立国过低的利率自然使得人们更倾向于授予交战国信贷,或者考虑将应计未付余额保存在国外。这自然会对出口产业和航运业产生一种特别重要的影响。在战争早期，高贴现率必定会使中立国的出口商和船主很明显地限制他们对交战国的信贷授予。毫无疑问会受到过低利率影响的第三个方面是债券进口。通过回购它们自己的债券和如上文所述的那样购入其他有价证券，中立国在战争期间为交战国提供了可自由支配的巨额资金。若中立国的利率一直保持在一个高于实际情况的水平，则这种运动本可以在相当大的程度上得到限制。故此，毫无疑问的是，中立国过低的利率在很大程度上导致了中立国交由交战国所支配的购买力数量的增加。由于针对这种购买力的增加，不存在实际资本的相应增加，这种购买力就其在中立国市场被使用的程度而言，必然会带来物价上涨。因而，通过这种方式，弱贴现政策同样帮助推升了中立国的物价水平。同时，这些国家的生产力还在一个不成比例的程度上被用于生产交战国想要购买的任何商品，以及被用于增加这种生产所必需的实际资本。由此，对本国自身民众需求的满足被限制在一个相应的程度上。故而，中立国对交战国战争费用的贡献，体现为这些国家生活水平一个普遍的被迫下降。

一直以来，中立国的中央银行诚恳地保证货币并未发生贬值，一般物价水平的上涨应归于其他各种可能的原因，而且在任何情况下，央行对此均不负有责任，因为它们并不具备能对事态发展产生影响的手段。

荷兰央行行长威瑟灵博士在上文提到的刊载于《经济学杂志》(1917年6月)上的文章中，企图证明荷兰不存在通货膨胀。为了支持这一主张，他(在杂志第146页)宣称并不存在如此多的足以导致市场利率出现下跌的货币，同时，他在前面的几页中解释了私人贴现率有时怎样被迫跌至 1%，甚至在一段短时期内降到了 $\frac{1}{2}$%，以及政府如何将 3—6 个月的短期国库券利率定在 1.7%—3.9%区间。他证明阿姆斯特丹证券交易所采纳了违反 2%—4%的月贷款利率，且长期贷款的实际利率在一些情况下降低到了 4 $\frac{1}{2}$%，甚至还要低得多。若存在一个明显的通胀迹象，则必定是这样的利率能在我们此处讨论的出现了如此巨额资本需求的时候行之有效。这种通货膨胀，如我们在前文所看到的，无疑在很大程度上通过国外黄金流入被强加给了荷兰央行，但这并不能证明否认通货膨胀的存在是正当的。据威瑟灵称，荷兰央行黄金存量、纸币流通量和活期账户余额的异常增加，很自然地成了货币通胀的一种迹象，但他又说，尽管存在这些事实，通货膨胀的直接影响——起初表现为物价的普遍上涨和汇率的下跌——并不是现时的。威瑟灵否认荷兰发生了物价的普遍上涨。根据荷兰中央统计局刚刚公布的数据，这一主张似乎颇值得怀疑。如上文所述，若把 1913 年的指数看作 100，则 1915 年和 1916 年——威瑟灵的评论最为关注该年的情况——批发贸易价格的平均指数分别为 149 和 234。总的来说，威瑟灵似乎还想否认通货膨胀在其他国家的存在。他说道："所有国家的通货都增加到了一个异乎寻常的程度，也就是说，出现了我们在荷兰所看到的相同现象……是不是信用货币的增加将价格推高到了这样的程度？我不这么认为。"随之而来的是一种遵循惯常思路，即通过增加的需求和降低的商品供给来解释物价上涨的尝试——一种人们从未发生物价普遍上涨的角度来看似乎颇为奇怪的解释。为了支持这种看法，威瑟灵进一

步坚称，某些物资（如砖块）的价格并未上涨很多。“与此同时，流通媒介出现了大量增加，因为现金支付所需要的流通媒介比以往时候超出了太多。但这一事实与其他因素完全无关，且在我看来，对物价上涨只有极小的影响。普遍性的货币通胀将会推升所有的价格。”他进一步论述道：“但是，若商品价格由于其他原因上涨，且信用媒介的增加就其本身而言并不意味着通货膨胀，则人们为何断定黄金价值仅仅因为现在需要更多的黄金来购买一定数量的某类商品而出现贬值，相反，其他有用商品的价值却由于需求的暂时减少而并未上升，或者甚至出现了下降？”这些引述或许已足以显示诸如在 1917 年年初时，荷兰央行行长对当时情况所持看法的一般特征。根据对所引文献更仔细的研究，人们无意中发现，以某一基本特征为关注点是极其含糊不清的。在后来的布鲁塞尔会议上，威瑟灵博士提交的就职演说中关于 1914 年以后货币问题的陈述，几乎对澄清这一问题毫无助益。

在其年度报告中，丹麦国家银行委员会多次提及货币领域普遍存在的异常状况。在《1917 年年报》（涵盖 1916 年 8 月 1 日至 1917 年 7 月 31 日这一银行业务年度）中，它对 1916 年夏表现尤甚的投机狂热——尽管存在各种警告且越过了所有合理的限制，高价买卖地产的热衷以及高昂的生活成本作了评论。然而，在整个银行会计年度，贴现率均为 5%，且该行以低于通行贴现率 $\frac{1}{2}$%，也就是说，以 4 $\frac{1}{2}$% 的贴现率将票据再贴现给私人银行。但该行拒绝承认这项银行政策及其影响之间有着任何关联。“商品稀缺性和货币充裕度的结果便是物价上涨和生活成本高企。世界上没有一个国家能够避免这点，也做不到这点。”“丹麦国家银行不得不授予外国的信贷，或者它不得不接纳的黄金，因出口对进口的剩余而在不可避免的程度上被强加给了它，而且即使能够这么做，该行也没有权力拒绝在本国收支平衡的这种调整中进行合作。本质上由前述原因所造成的高昂的生活成本同纸币数量的增加有关，因此在丹麦，这种增加严格来说是生活成本高企的一个影响而非原因。”在《1918 年年报》中提到了货币的充足供应，其被认为部分是由商业库存的变现和牲畜的消费，以及不可能通过商品进口完成常规贸易所必需的存货更新所致。

这种对外销售会导致日益增长的国外账户余额是足够自然的，但为何因此还有必要增加丹麦纸币数量却不是很清楚。当然，该行声称它不得不向外国授予信贷；但是，对丹麦的信贷需求为何并未因银行甚至在 1917—1918 年间所维持的 5% 和 4 $\frac{1}{2}$% 这样不合理的贴现率而显著提高，尽管普遍存在资本的异常缺乏？真正的解释是，在丹麦，像其他任何地方一样，人们被货币的充裕度所蒙蔽，以致未能意识到实际上存在着资本缺乏。《1918 年年报》进一步评述道：“证券交易所的投机行为有增无减，对地产的反常购买不断增加……大量货币的存在尤其表现在股票发行数量上，其总量在本银行会计年度内已接近 4 亿克朗……当即将到来的和平时期使现存情况发生改变时，这些货币是否将被证明能得到较好的利用是颇值得怀疑的；而且，该行一直在考虑把提高贴现率作为一种限制股票大量发行的手段是否恰当。但是，我们有重要的理由可以反驳这点。因为，即使不能否认提高贴现率至少被证明

是一种对当心走过头的警告——在瑞典和挪威，贴现率尤其出于对该目的考虑而被提高——但其实际结果却非常值得怀疑，要是利率没有被提高到足以危及正当业务（特别是建造新房屋）的高度。此外，提高利率的正常理由，即货币短缺，并不存在；情况恰恰相反，因此该贴现率得到了绝大多数欧洲国家的遵守。”

在这一点上，上文关于其他国家低贴现率的引述给人的印象是，这些利率被认为是现状的真实表示。指出“正当的”商业需求是颇为典型的。当人们在战争期间的任何时候开始限制信贷时，在所有国家他们的动机都是抑制投机的需要。他们从未想过信贷限制的真正意义只是由此而对实际资本形成之资金需求的抑制。中立国贴现率的提高只有通过限制以出口为目的的生产，通过限制工业扩张和随后相关的建筑施工，以及一般而言，通过将资本需求限制在人们能够承担的，也就是说，本国可得的储蓄数量上，才能产生真正用处。

1919 年 1 月 2 日，丹麦国家银行提高了其贴现率，后者自 1915 年 6 月 10 日以来一直处在 5%—5 $\frac{1}{2}$%区间。在《1919 年年报》中，有文章对这点做了如下评述：“人们并未预料到，通过提高贴现率，投机能被中止、消费能被改变且物价会下跌。在诸如当前等时期，一般的、略有不同的贴现率的改变并不足以应付商业界的剧烈波动，以及买卖行为强有力的机械式的影响等。各地的人们在战争期间已意识到这点，或至少处处均根据这一观念来采取行动。”1920 年，情况终于迫使该行（于 4 月 17 日）将贴现率提高到令人相当满意的 7%的水平。在《1920 年年报》中，该行宣称这一方法就这点而论是颇值得怀疑的，而且“必须考虑到非常高的贴现率给储蓄银行和类似机构所带来的困难、债券市场的走低、建筑施工遇到的障碍，以及其他有价值的生计来源”。此外，在《1921 年年报》中，该行还是坚持它的理论：“正如在战争期间那样，我们现在的观点是，贴现率不会对工业生活产生和以往相同的影响，因为最近几年汇率和物价的波动如此广泛，以致利率的重要性并不高。”

当然，该行并未表现出企图解除影响货币机制的环境威胁的丝毫兴趣，而是表达了情况的复杂性使得不可能作出这种尝试的观点。1917 年，该行曾作出如下评述：“人们并不能控制此处讨论的极其复杂和千变万化的情况。”1920 年，该行写道：“不能从纸币流通量和贴现率、汇率及物价水平高企之间推导出任何直接的结论——不管以什么方式；它们无疑都是相互关联的，但彼此间通过什么顺序以及如何强有力地相互影响貌似几乎不可能被确定，这一点正如所有复杂的经济现象一样。”

若每个人都满足于这样的放弃情绪，则我们现在对 1914 年以后货币革命的认识会达到什么程度？

至于挪威银行对货币状况的看法，我们回顾一下该行《1916 年年报》中的陈述或许就够了。该年报认为，前一年年报中已提到过的不健全的投机有望在 1916 年达到高潮。紧接着，其宣称该行的贷款总额相当于前一年的两倍还多，也就是，比起 1915 年的 5.735亿克朗，1916 年为 12.173 亿克朗。随后，该年报说了如下一段话：“本行业务的大幅增加不能只被看作是工业扩张的一个结果，其原因还必须从伴随进出口商品销售如今在最大可能的范围内受到现金影响这一事实而来的一般物价水平的上涨中寻找。此外,为保持我国中立性而采取的异常措施,在这里所讨论的情况中扮演着一个并非不重要的角色。”

挪威银行委员会似乎并未意识到挪威的货币单位价值实际上正在发生大幅贬值的事实。更不用指望,委员会能想到这种贬值可能会和在这一关键时期找到了将贴现率(于1916年5月29日)降低至4 $\frac{1}{2}$%(1916年5月29日),并把这样的低贴现率一直维持到同年10月18日的正确步骤的贴现政策有某种关联。

瑞典的情况也一样,到目前为止,完全过低的利率已经使资本需求超出了可得的储蓄。资本在一个空前未有的规模上被人们所需要,既直接用于国内工业扩张,又更多地用于出口。由于现期储蓄不能满足这些资本需求,一种人为购买力不得不通过使越来越多的银行通货可得而被创造。这在很大程度上通过授予外国信贷实现。在这种信贷授予中首屈一指的是瑞典央行,该行的外汇持有量在1915—1916年间增加到了一个完全反常的程度。1913年的平均外汇持有量为9880万克朗,到1915年12月31日,已经增加至1.785亿克朗,到1916年8月31日,更是达到2.364亿克朗的最高值。与此同时,瑞典央行的国内贷款总量却下降了,相比于1913年1.394亿克朗的平均水平,1916年8月31日时只有5850万克朗。若我们把1913年8月31日作为比较的基准,则我们发现,外币从9250万克朗上升到1916年的2.364亿克朗,而在同一时间,国内贷款总量却从1.342亿克朗下降到5850万克朗。因而,通过以非正常的规模购买外币,瑞典央行创造了如此庞大的以

瑞典克朗为形式的支付手段数量，以至于国内市场甚至不需在正常范围内求助于瑞典央行的贷款和贴现就能得到充足供给。随即，瑞典央行的纸币发行量也从 1913 年 8 月 31 日的 2.145 亿克朗，上升到 1916 年同一日期的 3.455 亿克朗，整整增加了 1.31 亿克朗。

与此同时，私人银行的对外信贷数量也达到了非常大的规模。未偿付的债务和票据在战前常常显示出一个有利于国外的年度平均余额，但在战争爆发之后，这些债务很快就被清除，转变成了一种迅猛增长并于 1918 年年底达到 4.671 亿克朗最大值的索赔。若我们按同样的方式——也就是将外国政府证券排除在外——来计算瑞典央行的余额，则我们会发现，瑞典所有银行加在一起的外汇结存总额，从 1913 年平均为 6980 万克朗，上升到了 1919 年 2 月底 6.09 亿克朗的最大值。

如此一来，由外国所支配的瑞典克朗的购买力，为瑞典的整个工业生活给出了一个错误的方向。国家生产力在更大程度上被用来满足国外需求，瑞典国家自己的供给因此遭到了忽视。瑞典工业这种扭曲的具体表现在上一章已经讨论过。

低贴现率无疑造成了国外信贷授予的异常膨胀。据此，通过对瑞典工业发展方向所施加的直接影响，低贴现率人为地创造出了繁荣的条件，其特点是物价的稳步上升和随之而来的剧烈投机，以及旨在满足战争时期反常需求的巨大的工业扩张，却没有充分考虑到未来和平时期工业产品方面可能出现的正常需求。虽然这段扩张时期年复一年地持续下去，并显示出越来越严重的症状，但是瑞典央行依旧维持着一个较低的贴现率，拒绝承担所有可能发生的事件的任何责任，宣称贴现政策现已失去其有效性，寻找各种各样可能或不可能的对物价上涨的解释，并标榜他们最喜欢的关于“情况如此反常和复杂，以致严格来说人们只能对其一无所知，且至少瑞典央行方面没什么可以作为的”这种陈述。

早在 1915 年，我们就发现瑞典央行行长莫尔先生在一篇经济评论文章（刊载于瑞典的《经济学杂志》）中表示，他不相信“提高利率会成为当前发生的购入瑞典有价证券的障碍。这里，工业股票甚至债券的报价对银行利率变动极其不敏感是一条旧经验。报价对银行利率上升之影响的感应在目前比在通常情况下要小得多是一个公认的事实”。根据现在已经获得的经验，很明显这个观念绝对是错误的。更进一步，莫尔先生在同一篇文章中论述道：“拧紧贴现的螺丝钉已不再具有任何外在影响，它只会使国内信贷出现稀缺。”所急需的正是这种使信贷变得稀缺的效应，它显然不可能不同时产生外在影响。在题为“瑞典央行和高生活成本”（《经济学杂志》，1917 年）的文章——该文是对我的著作《高生活成本与纸币过剩》（*Dyrtiden och Sedelöverflöd*）的回应——中，莫尔先生试图推卸对瑞典央行通过创造过剩的购买力导致生活成本高企的指责，出于该目的，他采用了一种以最混乱的方式堆积被认为对物价具有影响的所有可能因素的方法，并解释道：“必须考虑到持续不断地影响价格形成的复杂条件……纸币流通量增加会导致物价水平上涨是很明显的，但同样明显的是，物价水平上涨也可能会引起纸币流通量增加。”莫尔先生希望我们加以考虑的独立因素是“生产条件的一般变化和影响物价的商品稀缺性，以及妨碍不同国家之间价格调整的运输困难”。莫尔先生继续说道：“在各国，进口商

品变得越来越稀缺，这不可避免地导致了更高的物价水平。因而，在经济生活的重要领域，有许多因素——货币除外——倾向于推升物价。它们根据无止螺旋原理（principle of the endless screw）进一步影响最接近的相关领域，且不是以同样的比例，而是有一种难以抗拒的导致更高物价的力量。这一复杂过程中的促成因素——包括瑞典央行的纸币发行量——彼此间相互依赖且取决于作为整体的这个过程……我们已经被瑞典央行无法抗拒的国际价格波动所迷惑。”

莫尔先生经常会回到他最喜欢的主题即瑞典通货对黄金的依赖性上。我在前文已经表明了这种依赖性作为物价上涨原因之一所存在的时期实际上有多么短暂。正如我多次指出的，瑞典通货在战争早期的贬值不能通过这种对黄金的依赖性得到解释；更不用说它对黄金的依赖性能以任何方式解释紧随黄金排斥而来的大量通胀，后者事实上使瑞典克朗远低于其金平价水准。

在同一篇文章中，据说瑞典央行约见了丹麦和挪威中央银行的代表，来讨论贴现政策问题。关于这一主题，莫尔先生写道：“提高贴现率的目的当然是减少纸币流通量。但人们一致认为，在目前情况下，提高贴现率将不会产生这种效果，因为在业务核算中利率问题扮演着远不及其在正常情况下应有的重要角色……提高利率不会给对外信贷授予带来丝毫影响……同样，贴现率提高几个百分点对抑制债券购入只有些许效果。在这方面，人们指望由贴现率暂时生效所带来的这一利润率不是决定性的因素。另一方面，利率上升被无数次地证明在人们依赖于信贷的情况下是一种增加的负担，此时不可能有机会在战争条件下获利。在这种情况下，斯堪的纳维亚银行界并不认为建议提高贴现率是可取的。”现如今，没人会怀疑斯堪的纳维亚各国央行在这件事上是完全错误的。毫无疑问，倘若瑞典央行确定了一个较高的贴现率，并宣称只要战争继续下去，或者只要纸币流通量存在一个增加的趋势，它就会提议坚持该贴现率，则瑞典通货的价值本该得到比实际情况要好得多的维持。当然，总是存在一些贴现率的温和上升不会对资本需求产生影响的情况；但另一方面，也有“无数种情况”处于临界边缘，此时贴现率上升将会产生某种影响。在这方面，贴现率与其他价格毫无二致。仅仅因为存在不需要担心某种商品成本的富人而假设物价上涨不是限制该商品需求的一种有效手段是不合理的。而且，正如到目前为止的经验已教会我们的，出于对那些确实会因物价上涨而被迫限制他们购买的人们的考虑，使价格保持低于形势所必需的水平是一项极其危险的政策。

需要担心的是，若稳定的外币贬值过程继续下去，瑞典央行持有的大量外币将给该行造成相当大的损失，而且在上文所引的拙作中，我已对瑞典央行以这种方式投资其资源正在遭受的严重危险提出了警告，并特别强调了瑞典央行使这些有案可查的外币汇率秘而不宣的不明智性。针对这点，莫尔先生的回应是，瑞典央行从未经常性地公布这些汇率数据。“现在这节骨眼上，几乎不是背离这种做法的合适时机。总额非常庞大的这些通货在战争期间已被注销。瑞典央行所持的观点是，到战争结束时，被注销的总额将被证明是足够的。”据此，莫尔先生声称他已经“根据实际观点得出的判断”，回应了我“基于它们的表现形式对瑞典央行的主要指责”。只要脑海里想到通货膨胀给国家带来的所有经济困境，任何人现在都不难亲眼看出这些观点究竟有多么不切实际。若任何人认为这一论点过于牵强附会，至少瑞典央行本身在其外币上所遭受的前所未有的损失，无疑将提供一个关于瑞典央行管理层展现的实践判断并不比其理论洞见更为高明的醒目证据。在瑞典央行发生的支出项目中，可以发现“国外业务和外币贬值支出”一栏。该标题下，下列数额被注销(表 9-1)：

表 9-1

年份	数额(百万克朗)
1918	13.3
1919	15.8
1920	45.4
1921	12.9
合计	87.4

除此之外，还有关于 1920 年“债券贬值等”支出为 1050 万克朗的标注。因此，当我在 1916 年 10 月 2 日要求编制一份瑞典央行资产情况的即时详细清单时，我的要求并非全然没有道理，而且可以肯定地说，若我针对瑞典央行外币持有量问题所提出的严重警告已使瑞典国会着手对情况进行公开审查，则对整个国家和瑞典央行本身而言原本都将是最为有利的。

10. 汇　率

各种通货内在价值的广泛波动必然会导致汇率的彻底混乱。不同货币单位之间的旧纽带已被切断，它们价值之间的关系——我们通常将其看作是确定的和不变的——已被截然不同的关系所取代，而后者也正日复一日地不断变化着。事实上，世界贸易现已不得不去处理大量的自由纸币，它们彼此间相互独立，且各自在价值上不断地发生着变化，而它们彼此间的汇率似乎并无牢固的基础。在熟悉的环境中发生的这种异常变化，应该也会造成公众观念的异常混乱，这是很自然的。这里，实践经验只有少许用处，以往对汇率进行分析时所遵循的思路已经不适应于新形势。人们自然企图尽可能地坚持这只是一个关于暂时性干扰的问题，而且一旦干扰因素消失，汇率必将不可避免地恢复它们此前的水平这种观念。但是，当事态发展逐渐使人们对这一观点作出修正时，世界货币体系处于一种彻底混乱状态的情绪占了上风。

自战争爆发起便盛行于整个世界的关于汇率波动及其真实解释的讨论，所表现出的主要特点是，明显缺乏对究竟是什么决定了两种独立通货之间的汇率这一问题的澄清。人们已经指出供给和需求的波动，但却从未把握该问题的真正要点，原因很简单，人们从来没有意识到，甚或想去弄明白这种供给和这种需求的确切对象——买卖之物——本质上已与以往有所不同。若一种商品的价格因其质量低劣到了某种程度而降至以前的三分之一,人们并不会从供求波动中寻找价格下跌的原因!但是,当公众在货币问题上以惊人的固执坚持1克朗仍旧值1克朗、1英镑仍旧值1英镑的观点时,人们会如何处理通货问题均不足为奇。这种观念比其他所有观念更严重地阻碍了公众获得一个对汇率混乱之意义的真实洞见。若我们想弄清楚战争遗留给我们的外汇问题,必须解决的首要问题是:一种外币为人们所需的主要原因是什么,该通货内在价值的改变对其需求的影响又如何?

指出这一问题给我带来了以下论证思路:我们为外国货币支付某个价格的意愿在本质上最终必然是源于该货币拥有一种对该国商品和服务的购买力的事实。而当我们提供如此之多的本国货币时,我们实际上是在提供一种相对于我们自己国家的商品和服务的购买力。因此,我们用本币对一种外币所作出的估值,主要取决于两种货币在它们各自国家的相对购买力。

故而,这里我们便有了决定两国之间汇率的第一个也是最基本的理由,但这个理由本身并不充分。它只是初次在很粗略的近似意义上给出了对外汇问题的一个解决方案。持有一种外币并不意味着人们在国内即可直接处置那些能通过该外币从国外购买的商品和服务。获得这种处置权的方式可能会带来各种必然会影响外币估值的困难。即使在战前普遍存在的更稳定的情况下,人们所持有的货币按照通行汇率兑换后,也很可能会拥有一个在某国比在另一国略高的购买力,故此汇率并非一个不同通货内在价值的完全可靠的指示。正如下文研究将更充分解释的,两国经济形势，特别是运输和关税方面的差异，可能会使正常汇率在某种程度上偏离两国通货内在购买力的商数。考虑到该问题的复杂性，我们几乎不可能从理论上计算出这个汇率。

但是，给定 A、B 两国之间存在正常的自由贸易，它们之间将会形成一个特定的汇率，而且除了微小的波动外，只要两国通货中任何一方的购买力不发生变动，也没有妨碍贸易的任何障碍，该汇率将保持不变。现在，设若 A 国货币发生了一个通胀，结果导致其购买力下降，则 A 国通货在 B 国的价值必会出现相同比例的下降。若与此同时，B 国货币也经历了通胀，且其购买力已经降低，则很显然 A 国通货在 B 国的估值将由此上升到一个相应的程度。举例来说，若 A 国的通胀率达到了 320∶100，B 国的通胀率为 240∶100，则新汇率（以 B 国通货来标价 A 国通货）将是旧汇率的四分之三。故而可得出以下规则：当两种货币都遭受了通货膨胀时，正常的汇率将等于旧汇率乘以一国通胀程度与另一国通胀程度相除之商。很自然地，我们总是能发现对这一新的正常汇率的偏差，而且可以预计这些偏差在过渡时期会相当大。但根据上述方法计算出的汇率必须被视为两种通货之间新的平价，一个尽管存在各种暂时性的波动，汇率却总是倾向于趋近的平衡点。我把这个平价称为**购买力平价**。

由于支付手段的过度供给，各种通货的购买力在战争期间已经大幅下降，尽管是在迥然不同的比例上。因此，购买力平价经历了相当显著的变动，且现在已经完全不同于战前所普遍盛行的那些平价。若人们从这一视角来看待汇率问题，则不再有任何理由认为世界汇率将回到它们以往的平价上去。以往的这些平价事实上已经失去了其意义，它们现在只有一种突出的历史意义，且无论如何均不能被看作是正常的平价。频繁地提到它们对弄清世界各国通货究竟发生了什么而言，是一个严重的障碍。在统计学上，延续以战前平价来兑换外币的旧惯例同样只有误导作用。不管在理论上还是在实践中，极为重要的是，我们要充分认识到以下事实，即现今的正常汇率已完全不同于我们此前习惯于认为是正常的汇率。在目前实践中的独立纸币体制中，正常的汇率是由购买力平价所决定的。

这便是在我呈递给国联的第一份备忘录中所提出的购买力平价的意义及其对当前货币形势之重要性的简单陈述。请注意，这里的购买力平价根据1914年以来货币价值的下跌来计算颇为重要。因此，我们从一个对应于某一国际贸易均衡的汇率，从而也是一个当时属于正常的汇率开始。根据这个汇率，我们可以得出一个现在从考虑到两国已经历的货币单位贬值程度来看必须被视为正常的汇率。确切地说，这样做时，我们必须预先假定没有发生其他的变化。若在各自国家，不同价格之间的相互关系并未改变，而只是经历了一个普通的上涨，则没有什么能阻止我们假设这些国家之间的贸易差额亦未改变。故此，以两国货币贬值之比的方式来表示的均衡汇率必定是混乱的。而如果不同价格之间的相互关系发生了变化，则这种情形很可能就其本身而言已经影响到了国际贸易均衡，并导致了均衡汇率的某些混乱。然而，战争爆发以来所发生的货币贬值是如此惊人，在不同国家的持续时间的长短又如此不同，以致由此造成的汇率混乱必然具有极其重要的意义。因此，我们有理由首先只考虑这种混乱——也就是仅根据不同国

家货币的相对贬值来计算新的购买力平价。无论如何，这些平价大致代表了新的均衡汇率，而且先确定这个均衡，然后考虑可能由除货币贬值之外的其他因素所导致的此类偏差，显然是既正确又不可避免的。

购买力平价的概念曾一度获得承认，也出现过某种进一步简化汇率问题的倾向。人们想通过直接的方式来确定各国货币购买力的商数，并把该商数看作是正常的汇率水平。但问题并非如此简单。只有知道了表示某一均衡的汇率，我们才能在改变了的两国货币单位的价值上计算出表示相同均衡的汇率。如今，在战前金本位制体系下所盛行的汇率总的来说明显与某个国际贸易的一般均衡相符。若我们假设这个均衡一直没有改变——或者至少未改变到足以扰乱汇率——则根据战前占主导地位的汇率，以及关于不同货币通胀程度的知识，我们便可计算出被视作现今不同纸币之间正常汇率的购买力平价。这正是我自己对购买力平价理论的阐述中所遵循的做法。

但是，很明显，两国之间的汇率必然总会使自己与其中任何一国的物价水平相一致，以便两国之间有可能发生一定数量的贸易。这句话就其本身而言是很有用的。从中可以清楚地看出，两国之间的贸易不会像通常所想象的那样被取消，甚或由于其中一国的物价水平高企而被阻止。这一缺点事实上总是通过该国外汇国际价值成比例的下跌而得到调整。相反，从中可以推断，一国不能通过降低其一般物价水平来提高它在其他国家的竞争力。因为物价水平的这种下降只是意味着该国货币价值的上升，紧随其后的将是讨论中的通货的国际价值的一个相应上升。这意味着以相关国家的通货来表示的外币价值出现了一个下跌。因此，很明显，该国一般物价水平的下降不会带来任何增强的国外市场竞争力。当然，物价水平的变动会阻碍出口（或刺激出口，视情况而定），在这期间汇率很可能尚来不及使自己对新的物价水平作出调整。但这是一个汇率和购买力平价之间缺乏调整的问题，稍后我们将会回到这个主题。

当我们从上述视角出发，考虑两个各自拥有独立纸币的国家之间的贸易时，国际商品交换由相对生产成本所决定的传统信条似乎尤为简单。不管两国的生产成本水平表现得怎样，它们之间的汇率总能作出自我调整，以使两国之间有可能发生商品交换。因此，就其在国外市场的竞争力而言，一国不可能在所有领域均处于劣势，正如它不可能在所有领域都具有优势一样。

在判断一国货币的价值时，他国自然不仅会凭批发价判断，而且会凭工资水平高低判断。因为他国可以用讨论中的货币购买劳动，例如使原材料在该国组装。但即使该国利用获自本土的原材料来生产其出口产品，后者的价值在相当大的程度上仍然代表了在它们上面所消耗的劳动。因此，该国的工资水平始终是决定该国通货之国际价值的一个非常重要的因素——在长期可能是占主导地位的因素。这一点对劳工政策具有特别大的现实意义。迫使名义工资上涨的作用微乎其微，若由此导致该国通货的国际价值出现了一个相应的下降。因为这意味着工人阶级消费的所有进口商品的价格出现了一个成比例的上涨。在这方面，近些年已经出现了一些非常引人注目的事件。

汇率取决于购买力平价这一信条的一个重要推论还在于，外国的物价上涨从不会导致本国物价上涨。外国的物价上涨通过将外币定在一个更低的汇率值上被抵消了。但是，很自然地，这只有假设该国自己的通货不同时发生贬值才能实现。若该国通货在其价值上保持不变——也就是说，若该国本身不具备能支撑物价上涨的支付手段——则外国的通货膨胀只会通过这些国家外汇价值的下跌表现出来。关于这一主题，已经产生且仍在产生着大量的荒谬论述。特别是，把国外一般物价上涨说成是同样给它们本国的物价上涨施加了一个不可抗拒的压力的因素，已经成了中央银行最喜欢的主题。人们已经习惯于谈论物价上涨的“国际波动”，且通过这些措辞来暗示一些事情——在其掩饰下，央行能推卸它们自己对本国通货价值的责任——是不可避免的观念。毫无疑问，这种关于国际性价格运动之必然性的观念已经产生了一些实际影响，且已经促成了价格运动在国与国之间的传播。但同样毋庸置疑的是，通过一项明确承认一个拥有独立纸币本位制的国家可单独对其通货内部购买力负责这个基本事实的稳定而坚决的货币政策，有可能从本质上抵制这些施加于一国物价水平的影响。

1914 年以来所发生的政治和经济革命很自然地已在某种程度上改变了国家间的贸易均衡，因此，即使不同国家的通货膨胀一样高，汇率仍有可能发生某种混乱。故而，现在根据 1914 年时的均衡国际贸易算出的购买力平价，不可能有望如上文所主张的算法那样完全准确。若能实现一个在主要方面使欧洲的生产和贸易恢复其战前水平的和平，则国际商品交换的环境可能不会改变得如此之大，以便任何显著的汇率混乱由此都不必然会出现。因而，估计相对通货价值，特别是在未来将成为正常汇率的相对汇率价值的最合适的基础，很可能会被发现是通过对战前排他性地建立在不同货币发生的通胀之上的汇率进行转换而得出的购买力平价。

故此，取得关于这种通货膨胀尽可能准确的数据显然最为重要。本书第5章所论述的关于计算不同国家物价上涨的统一方法的重要性，以及在各个月份结束后立即公布和编制这些物价上涨报告的紧迫性，在我们发现这些报告是获取任何关于不同通货内在价值之间关系的概念，进而获得那些尽管存在各种暂时性的波动，却仍可能被认为是标志着真正的均衡汇率的唯一近似于确定的手段时，显示出了愈加重要的效力。

11. 对购买力平价的偏离

在战争早期阶段，当国际贸易仍然享有某种自由时，实际汇率往往非常接近于同购买力平价相一致。但后来对不同国家之间贸易的严格限制，经常导致这些汇率明显有别于购买力平价。若两国间的贸易在某个方向比在另一个方向受到更多阻塞，则出口受到相对更多阻碍的国家的通货在另一国将会跌至购买力平价之下。该结论只是我们把汇率视为奠定获得外国商品的手段之基础的价值表示的一般观点的一个简单推论，若通过人为手段更加难以获得这些商品，则外汇的实际价值必将下跌。存在许多关于这种汇率异常偏差的例子。故而，通货膨胀在美国显然远不如在瑞典严峻，美元较之瑞典克朗也保留了更多其以往的购买力。因此，购买力必已明显地上升到了 3.73 克朗兑 1 美元的旧平价之上。但是，在美国对瑞典的出口经历最严重的战时限制时期，实际汇率跌至远低于旧平价之下，1917 年 11 月的月平均汇率甚至低到了 2.55 克朗兑 1 美元。一旦限制被取消，美元汇率便上升至一个与购买力平价相一致的高度，而且甚至短时间地位于后者之上。对美元被暂时低估的解释是，不存在任何直接以美元形式持有瑞典财产的做法，当然，还有根据对其未来使用前景的推测而持有美元所涉及的风险。

在这方面我们必须考虑的限制可能是多种多样的。绝对出口禁令、包括许可证制度在内的禁令、出口配给、出口关税，以及为维持外国购买者比内地市场应付的更高价格而采取的措施，等等，都是战争期间所实施的方法，而且在许多情况下甚至保留到了今天。它们均倾向于使其实施国通货的国际价值出现一个相应的贬值。若充分认识到这点，则对于实施这些做法的热情可能会很明显地冷却下来。限制还可能表现为由 A 国向 B 国的运输阻碍较由 B 国向 A 国的运输阻碍更为严重的人为障碍或自然困难的形式。其结果将是 A 国货币相对于 B 国货币的某种低估。

这也将是 B 国采取任何进口限制措施的自然结果。近年来一些国家所实施的对奢侈品的进口禁令，以及企图改善贸易均衡的做法，很容易推升那些由此而限制其进口的国家的通货的国际价值。若存在其他可能迫使通货低于其购买力平价的倾向，它们或许会被一项具有这种性质的限制性政策所抵消。从杜绝本国进口奢侈品的国家的角度来看，问题可以通过一旦不能被用来购买外国奢侈品，外币将丧失其部分价值的情况来解释；从外国的角度来看，问题可以被看作是进口禁令使得更加难以获得讨论中的国家的通货。

我们不难想到能使一种通货的国际价值降至其购买力平价以下某一点的其他一些因素。但是，若不存在对讨论中的国家的商品输出的特殊障碍，则对该国通货的每一次低估都将很自然地导致对该国商品一个增加的国际需求，后者必然会趋于抵消该国通货的贬值。因为只要一国通货相对于其购买力平价被低估，购买这种通货并用由此而获得的货币来购买该国商品就会具有特殊优势。因而，对需求的刺激必定会很快将该通货的价格推升至购买力平价水平。那些不存在对该国出口（或对他国从该国进口）特别限制的地区，使汇率低于购买力平价的任何其他原因的影响都只是暂时性的。

但是，若我们了解这些原因及其影响的性质则不乏现实意义。通货贬值往往只是低估该通货内在购买力一个预期到的下降的一种表现。世界各国见证了通货膨胀过程不断地发生，且国家金融（比方说）正呈现出可能的货币贬值的一个延续。因而，通货的国际估值通常会显示出一种预测事件的趋势，且可以说，成了不只是该通货在几个月后，甚至可能在未来一年时间里有望拥有的内在价值的一种表示。

通货价值也可能由于外汇投机而跌至购买力平价之下。当局积极利用了对贬值的这种解释，外汇投机被拿来作为外汇升值或本币国际价值下跌的替罪羊，正如商品投机者被指责为造成了国内商品价格的普遍上涨一样。但是，公正的判断必然会发现，外汇投机总体而言意味着汇率波动的一个降低，而非汇率波动的加剧。

然而到目前为止，现在正讨论的最重要的贬值因素是，在其他国家以任何价格出售一国外汇来获得以这些国家的货币为形式的资金的做法。这种方法步骤在过去几年持续了如此长的时间，并已成为国际货币领域中一个如此突出的特征，以至于必须对它保持特别的关注。

德国的情况提供了研究整个问题的最佳素材。如前一章所指出的，德国马克多年来在一个不断增长的规模上以任何可得的价格被售往国外。当中央政府、市政当局、银行和商业企业迫切需要外国支付手段，且似乎不可能以任何其他方式获得时，该国由此便沉迷于依靠本国通货来获取钱财。后来，赔款要求又迫使德国求助于该方法为其需求提供如此大规模的融资，以至于最终沦为一个绝对的骗局。

我们必须把这一过程视作更常规的获取国外贷款过程的一种替代，而且是一种糟糕透顶的替代。当贷款人并非立即可得时，德国便会转向新的投资者群体，即外汇投机者，为他们提供异常低的汇率条件来代替高利率。当然，投机者在汇率逐渐下跌时将遭受严重损失。但是，新的投机者队伍总是愿意相信“汇率已跌到了底部”；事实上，一些投机者确实也获得了巨额利润。

很显然，该过程必定会导致德国马克贬值到其购买力平价之下。这意味着德国马克在世界市场上被迫下跌至一个显著低于根据其在德国国内所拥有的购买力本应达到的价位。在特定时期，这种贬值无疑是相当可观的。特别是 1921 年 8 月 31 日的赔款偿付，以及不久之后关于上西里西亚划分的决定，造成了马克国际价值的异常下跌，进而导致对德国通货极其严重的低估；1922 年早些时候赔款委员会的巨额需求也是如此。

毫无疑问，在这种情况下，外国人取得德国马克并拿它们在廉价的德国市场购买商品是非常有利的。若可以不受限制地这么做，则几乎一切东西都会从一个穷困的德国被输出，且往往伴随着非常大的利润。当然，对德国本身而言，这是一种很难堪的境地。德国只是被迫通过阻止它们的出口来维持其短缺的粮食和原材料供给。在其他商品上，德国竭力使自己避开那些想利用马克低汇兑价值牟利的购买者，主要是通过提高针对这些外国购买者的商品价格，有时会提高数百个百分点(即涨价好几倍。——译注)。然而，根据上文所述，这些措施必然会产生永久性地迫使马克的国际价值低于其购买力平价的影响。它们意味着一种针对外国的极其任意的行为。事实上，德国首先输出马克，这些马克的购买者指望马克价值能保持住其在德国国内的购买力，也就是，指望它们能以在德国国内通行的价格从德国购买商品。后来，当德国单方面提高出口品价格时，它便任意地剥夺了外国马克持有人所持马克的相当大的一部分价值。若债务人肆意将其债务削减到原始价值的二分之一或三分之一，则这种行为的性质对任何人甚至可能对债务人本身都是很明显的。通过德国出口商品和出口价格管制所采取的措施从根本上说是相同的，即使在该项政策所隐含的真实意义被成功掩饰的时期。频频兜售马克——即对德国商品的权利要求——并在之后拒绝以超出这些商品起初合计数量的一小部分来兑现这些权利要求，无异于一个纯粹的骗局。但只有依靠这样一个骗局，战胜国对战败国德国不合理的赔款要求到目前为止才能得到顺利偿付。为了能满足这些赔款要求，世界各国成千上万的人们倾家荡产。世界是时候学会识破所有这些勾当，并不再放任自己以这种方式出于要求赔款的国家的利益而被吸干榨净。德国的对外债务必须被限制，以便德国自身能够偿清它们。

当然，德国不可能阻止大量由外国人所掌控的购买力转而被部分地用来对抗自己，也不可能并阻止它们在推高国内市场上本国购买者面对的价格中同样使人感受深刻。即使在德国国内，满目疮痍的国家金融也已产生一个稳步攀升的通货膨胀。由于这两个原因，德国马克的内在购买力逐渐地越降越低。《法兰克福报》

的统计指数在1920年1月和1921年1月还分别处在1.123(以1.00表示1914年的中间值)和1.606的范围,自此以后,主要是由于赔款偿付的结果,已被迫上升至1922年1月的3.596。

与马克内在购买力的下跌程度相同,其购买力平价在拥有一个不变通货的国家自然也出现了下降。但在国际市场上,马克依旧被低估,尽管是在一个非常不同的规模上。对马克的这种低估无疑主要是因对其未来缺乏信心所致,这种信心的缺乏又源于世界各国在马克的内在和外在贬值中所获得的经历。若赔款一开始就被确定在一个经济上明智的基础上,且由此采取了一项支撑对于德国未来的信心的成功尝试,则马克的国际价值本应能上升至其内在购买力水平。如此,德国将没必要继续以一种不同的方式对待外国购买者,且情况将允许存在一个德国汇率的稳定均衡。现在,德国已被迫在毁灭之路上走了如此之远,以致它在企图实现任何类似的马克价值的稳定性中必然会碰到各种特殊困难,而且在任何情况下,稳定性只有在马克的内在购买力出现一个相当可观的下跌后才能达到。

德国的例子相当清楚地显示了企图将一国通货大规模兜售给国外投机性购买者的恶果。虽然德国的例子确实最为引人注目,但是这种措施绝非仅限于德国。其他一直想遵循同样做法的国家现在应该认识到及时中止这种疯狂行为的必要性。

我们对购买力平价的计算严格依赖于相关国家的物价上涨在相似的程度上影响了所有的商品这一附带条件。若该附带条件未得到满足,则实际汇率可能会偏离计算出的购买力平价。例如,若A国的物价上涨在一个特别高的程度上影响了那些从该国出口到 B 国的商品，其结果必定是 B 国的 A 国外汇贬值到一个略低于根据 A 国一般物价水平变动所计算出的购买力平价价值。事实上，这种结果只是我们把汇率当作 A 国通货所能购买之物的 B 国通货估值的一种表示的概念的一个简单推论。停战以后，英国的煤炭价格在很长一段时间显著高于同一般物价水平的上涨相一致的水准。这种情况很可能是该时期内英镑贬值到一个——就依靠可得的价格统计资料所能判断的来说——略低于同其内在购买力相一致的国际价值的主要原因之一。这至少似乎是在此期间斯德哥尔摩的英镑报价颇低的最可能的原因。

故此，若一国出口商品价格尤为剧烈的上涨明显对其汇率产生了某些影响，我们仍不能推出新的正常的均衡汇率应该只根据出口商品价格来计算的结论，虽然有时我们的确会推出该结论。这种观点的主要错误在于，若出口商品的相对价值在出口国已经上升，则在进口国，同其他商品相比，人们对它们的需求，因而它们的价值可能也出现了上升。故而，更高的出口商品价格并不一定会导致出口国的外汇价值下跌到一个相同的程度。此外，必须牢记的是，若已经发生相当大的价格相对混乱，则出口商品通常来说将不再与战前的它们一样，因而“出口商品价格指数”几乎不可能被计算出来。当然，即使我用于根据两国一般物价水平的上涨来计算新的正常的均衡汇率的方法，也饱受某种程度的不确定性之扰，其中不同商品价格之间的相对混乱在任何相当大的程度上已经发生；而且在这里正讨论的问题上可能有必要特别注意这一干扰因素。但是，我们对正常的均衡汇率的计算方法，具有给我们提供当世界正常情况在国际贸易有点类似于 1914 年之前的意义上获得重建时将是正常的汇率这一优势。只有对真实汇率运动的连续研究才能清楚显示，以不同国家一般物价水平的上涨为基础算出的购买力平价在多大程度上是汇率正趋于靠近的均衡的一个表示。只要对计算出的作为实际汇率表示的购买力平价的这种偏离能基于上述理由得到令人满意的解释，且只要实际汇率在重要的情况下大致上和购买力平价相一致，就没有理由假设均衡汇率已经出现任何相当大的混乱，除非它是由一般物价水平的变动所致。

因此，我仍然将根据上述理由计算出的购买力平价视为正常汇率。若一国货币的实际汇率较低，则我称之为该国货币被低估，若实际汇率较高，则我认为该国货币被高估。

只要汇率从这层意义上说是正常的，它就必须恰好这么高，以便相关国家之间能发生正常贸易。该汇率远高于或远低于其战前通常水平的事实在这方面无关紧要。但是，公众却固执地坚持战前时期的汇率在某种意义上仍属正常的观念，并且根据它们同战前汇率相比所处的位置，把它们描述为“高”或“低”。这是非常具有误导性的。根据两国中任意一国物价水平的上涨计算出的购买力平价现今代表着正常的汇率水平。然而，公众在这一点上的错误观念也支配了官方观点，甚至在立法中留下了自己的印记。1921 年 8 月英国通过的《工业保护法》基于外币同英镑相比出现一个贬值的假设，且该法案的实施依赖于这种至少达到了战前平价 $33\frac{1}{3}\%$ 的贬值。这种错误观念成了所有国家在商业政治问题上公开辩论的规则。实际上，购买力平价在不会以任何方式影响国际贸易的意义上代表了一个中性的均衡汇率。故此，一国的出口不会受到低汇率的抑制，倘若只有这些汇率与国外高物价水平或国内低物价水平相符；而出口也不会特别地受到高外汇汇率的刺激，倘若它们只与不同通货的相对购买力一致。同样，低外币价格并不意味着鼓励从国外进口或国内生产者之间更激烈的竞争，如果这些汇率仅仅是外币购买力平价的真实表示。基于同样的假设，高外币价格无论如何均不会充当对进口的一种抑制。实际上，“高”汇率或“低”汇率的术语本身毫无意义；若根本不用它们，则它们必须明确指真实的正常汇率，也就是指购买力平价。

同样明显的是，真实汇率对购买力平价的每一次偏离都必然会造成对国际贸易相当大的扰乱。若 B 国通货在 A 国的估值低于与 B 国一般物价水平较之 A 国物价水平相一致的估值，则由 A 国向 B 国的出口必将在很大程度上受到抑制。与此同时，B 国从 A 国的进口将通过这样一个估值得到人为的刺激。事实上，这两种影响均倾向于推升 B 国通货在 A 国的估值，并使其恢复到购买力平价上，这表明该平价是真实的均衡汇率。

但实际上，这种向均衡的恢复可能需要很长一段时间，特别是当保持低汇率的力量很强大且持续产生效力时。而且，这一时期可能会对两国工商业产生一个非常令人不安的影响。通常，那些通货遭低估的国家被认为是受害国，其处境的困难之处是相当明显的。当这些困难达到顶峰时，它们甚至会使进口最基本的消费品和原材料变得几乎不可能。然而，事实上，通货被高估国家的情况也好不到哪里去，因为该国遭受着一种最自私自利和最随心所欲的新型倾销，同时其出口却在很大程度上被限制。大多数欧洲国家均经历了源于德国马克被异常低估的诸多不便，而德国本身亦不得不遭受其通货处于异常低估的国家的所有困境和特定扰乱。在一个较小的规模上，这种对购买力平价的偏离已在其他一些情况下发生，且无疑使国际贸易陷入了相似的困境。从实际上和理论上来说，密切注意这些偏离并解释它们的成因均有特别的重要意义。若我们想避免汇率偏离正常状态的棘手后果，我们就必须消除它们。除了求助于使国际贸易更加难以恢复任何程度的稳定性的新干预措施外，其他针对这些后果的保护性措施从未起过作用。

目前，全世界都在讨论如何阻止德国马克的严重低估使德国能强加于各国市场的破坏性竞争。我们已经看到，德国本身正试图通过将出口价格提高到本土市场价格之上来抵消对马克的低估，只要这种提价在德国不会由此危及其国外竞争力的情况下有可能实现。但与此同时，德国的邻国正在采取措施，或正在讨论如何这么去做的问题，以便禁止本国进口那些因德国马克低估而过于廉价的商品。所有这类措施都有一个通病，即它们加剧了马克的低估，使其更加持久，且它们的效果由此在某种程度上彼此间相互抵消。某一国家有可能借助于对德国进口商品的高差别关税成功地保护其工业生活免遭德国通货低估所引起的异于寻常的竞争。但若大多数国家以同样的方式行事，其结果必然是德国通货的国际价值出现剧烈的下跌，从而使德国的竞争力得到恢复。这实际是很自然之事。马克汇率被低估的主要原因在于协约国的赔款要求。要使这些要求得到满足，德国必须大规模地出口商品，且必须借助于价格的充分下调为其商品找到一个市场。这样做的后果必定是导致一个生产和贸易现状极其严重的扰乱。避免这些不

合意后果的唯一途径无疑是将赔款要求降到合理的比例。

美国海关委员会最近公布了他们关于汇率贬值及其对国际贸易影响的调查结果（“汇率贬值与国际贸易”，华盛顿，1922 年）。这些调查完全建立在购买力平价概念的基础上，尤其是包含了对 1919 年 1 月至 1921 年 9 月间按月平均表示的英国英镑、法国法郎和德国马克相对于美元的购买力平价的非常有价值的计算，而且还给出了该时期这三个国家在纽约的实际汇率报价均值。从中可以看出，在 1919 年年初，当官方支持的汇率体系在战争期间尚未被废弃时，英镑和法郎被极大地高估。后来，这些通货的实际汇率出现下跌，且在 1920 年，（特别是法郎）跌到了远低于购买力平价的水平。1921 年，英镑汇率大致围绕购买力平价上下波动，法郎汇率却总体上处在比购买力平价低几个百分点的位置。至于马克汇率，上述计算显示，其在 1920 年出现了一个非常显著的低估；在 1921 年前 6 个月，马克汇率大约处在购买力平价三分之二的水平，但自那以后又出现了一个相当可观的下跌。引人注目的是，外汇低估受到了美国在 1919 年年底发生，并于 1920 年 5 月达到其顶点，且只会紧随着一场更剧烈的物价下跌的物价剧烈上涨的影响。实际汇率显然未能使自己对 1919 年下半年和 1920 年第一季度期间所发生的异常剧烈的美元内在贬值立即作出调整。

美国的调查证实，就世界市场上的标准商品而言，不同国家的价格在很大程度上能对汇率作出调整，以便即使某些通货发生了剧烈的国际低估，也不能使这些商品的价格变得异常低迷。另一方面，存在大量其价格远未对国际汇率作出调整的更特殊的商品，出于这个原因，中欧国家尤其能以一个异常低的美元价格出售它

们。通常来说，一名美国进口商能在德国用 1 美元买到在美国值 2 美元的商品。报告进一步显示，根据有趣的统计数据，由于德国较低的工资绝不可能出现与马克汇率下跌成比例的上涨，德国生产商在世界市场的竞争中较之其他国家拥有相当大的优势。但是，德国的竞争优势绝非如人们鉴于这些事实可能设想的那么大：因为一方面，德国存在若干商品的严重短缺；另一方面，许多商品的出口价格高于国内价格，虽然在某些情况下出口被完全禁止。

报告推断，为消除低汇率的影响而设立和实施的海关税则将带来严重困境。这些汇率对购买力平价所代表的均衡的调整，就不同国家，甚至同一国家的不同商品而言有很大的不同。因此，特殊的保护性关税必须基于此来实施，且进一步地必须根据物价和汇率之间的调整过程不断予以修正。

在理论原则上，这份其他方面极好的报告包含着一个模糊的要点，即它仍然假设购买力平价概念以一国物价水平的绝对高度与另一国之间的比较为依据(报告第 11—12 页)。根据上述理论，毫无必要预先假定平价汇率完全与两国之间的绝对物价水平商数相一致。可能会存在一定的差异，这种情况下，同样的相对差异在两国货币都经历了通胀之后必须有望得到保持。但是，美国的报告却给出了一些似乎证明战前——特别是在英国和美国——汇率和物价水平商数之间的差异几乎可以忽略不计的数据。

12. 流行的谬见

这里所阐述的外汇理论一开始就遭到了激烈反对，尽管它已开始被逐渐克服，但在相关问题的一般概念上仍存在如此大量的旧有谬见残余，因此为了彻底弄清该问题，对这些反对观点作一批判性的考察或许颇有必要。

正如战争早期人们企图坚称并未发生通货的内在贬值，因而设法搪塞国内物价上涨一样，人们采取一切可能的措施来解释一国本币的低国际估值。这种估值绝不能被当作该国本币内在价值发生任何实际下跌的证明，因此其他往往很奇怪的关于汇率缺点的解释理由应运而生。

这样做时，人们完全忘记了国外低估值很少表示任何类似于通货绝对贬值之事：由于外币也发生了贬值，本币的绝对贬值必定远大于以汇率表示的外币贬值。

在对汇率缺点的流行解释中，汇率"牟利行为"总是占据着一个突出位置。据称，国内投机推升了外汇价格，且敌对国家也一样，它们凭借特定类型的"实际做法"永不可能获得充分解释的狡诈伎俩，压低本币在世界市场上的汇率。现在，人们很容易意识到所有这些因素加起来对汇率发展总体上只有非常小的影响。通过这种方式可能会造成偶尔的干扰，但并不能怀疑汇率不应暂时保持它们现今的水平，即使它们的发展从未受到任何恶意投机的影响。然而，错误的分析在这种情况下绝非一个纯粹的理论误差。事实上，一些最具阻碍性的措施，如外汇管制、设立外汇业务中心、强迫私人出售外汇等，也就是类似于价格管制——通过它，一系列以阻止不断下跌的通货内在价值越来越彰显的措施在国内被采取——的措施，已建立在这一分析基础上。即使对外汇业务的这种干预在某些特定的情况下，在某些特殊的方面可能会有一些作用，同样明显的是，就如何阻止交易中的货币贬值不扩大这一问题而言，其被证明在很大程度上是无效的，但是另一方面，这种干预代表着对普遍期待的国际贸易重建的一个非常严重的障碍。公开管制外汇交易的尝试还必须对其诱发的非法外汇交易负责，后者已经产生了一个极其令人沮丧的影响，且通常达到了一个足以导致国家管制彻底失效的程度。

另一个非常流行的对不合意汇率的解释是由战争或非正常的战后形势所导致的贸易逆差。只有结合下一章将处理的关于外汇问题的理论探讨，才有可能对该问题作一彻底的评论。但在这里，寥寥数语便足以证明讨论中的解释的实际谬误。当人们声称他们本国货币的低国际估值并非源于该通货的内在贬值，而只是源于一个暂时性的贸易收支逆差时，他们的意思必定是该通货在实际市场上被大幅低估了。目前，这样一个低估在某种程度上无疑是可能的，只要该国的出口被限制，而其进口却相对自由。但是，这种阻碍自由贸易的片面性，在外汇疲弱的国家事实上是否证明其自身是合理的？若所讨论的是外部障碍问题，则答案最有可能是进口——比方说在同盟国的情况下——遇到了比出口更多的困难。因此，协约国在战争期间对德国的封锁不会导致对德国马克的任何低估。就实际上已发生的任何低估——特别是自战争爆发以来——而言，如上文所指出的，其只能归因于德国本身对出口实施的一个抑制。除了这种低估外，马克贬值显然是由马克币值的内在贬值所致。其他所有的通货也是这种情况。糟糕的贸易差额本身并不会造成对一种通货的低估，因为这种低估将很快导致出口的大幅增加，而后者会使差额得到修复，只要不对出口施加任何特别的障碍。

即使在这种情况下，错误的解释也并非仅有理论误差的性质，而是已导致了以各种尝试为形式的影响深远的实际后果，这些尝试企图借助于国家管制来影响有望改善本国外汇国际报价的贸易差额调整。我们不清楚这些尝试能否显示出任何有用的结果，并且无论如何，国际估值在很大程度上会紧随通货内在价值的下跌趋势，而非通过贸易管制非常成功地保持在高位。基于贸易差额对汇率影响的流行理论而采取的措施在很大程度上被证明无效的这一确凿事实，应该是对绝大多数民众关于讨论中的理论之不可靠性的一个强有力的提示。

只要人们拒绝承认货币已发生一个真实的内在贬值，他们显然便关上了真正洞察汇率波动原因的大门。他们试图通过暂时的形势来解释这些波动，因此不得不推出汇率必然会恢复它们正常水平——其仍旧被认为是指战前汇率——的结论。这种观念非常普遍，特别是在战争早期，且事实上对公众舆论产生了一种强大的影响。即使精明老练的银行家，长期以来也发现很难摆脱战前汇率是正常水平，且通过某种神秘的自然力量，一旦初现和平曙光外汇价值终将回归该水平的观念。正是这一观念,在某国或他国通货汇率的每一次新的下跌中,使公众相信“必定已经到了底部”。近几年来,通过这种方式,那些完全太轻易接受关于汇率贬值原因之官方学说的人们蒙受了空前的损失。现在,事实已经证明,汇率无论如何也不会回到它们的旧平价——事实上,它们丝毫没有显示出有这种倾向,显然应存在对逐渐被普遍接受的给世界造成了巨大损害的关于外汇问题整个肤浅的概念进行一次彻底修正的正当理由。

若货币的内在价值并未下降的观点得到承认,则必须找出其他一些对国内物价上涨的解释。同样地,这被归因于暂时的环境或该国本身通货实施范围以外的外部条件。因此,最简单的做法是把外国的物价上涨归咎于国内的物价上涨,事实上,这种解释在各国的官方学说中被大量援用。但是,当涉及拥有自由纸币国家的问题时,该解释并不可行。故而,外国的物价上涨除了使本国通货报价如此之低,以至于进口商品价格因此保持不变外,并无其他影响。若国外物价上涨的影响进一步加剧,那么将是它已在一个独立的国内通胀中找到支持的一种迹象。

当一国使其本币贬值时,外币价格自然会由此被迫抬升。因而,外币价值的这种上升被当作该国国内物价上涨的一种解释。这种非同寻常的观念混乱只是逐渐被不加批判的公众所识破。但是很明显,B 国通货价格的上涨永远不可能是 A 国物价上涨的原因,只要汇率是两国通货相对购买力的一种真实表示。只有 B 国通货的报价处于购买力平价之上,且在这层意义上被高估,B 国通货的高价格才会对 A 国物价上涨产生某种影响。但除非以更充足的支付手段供给——也就是通货膨胀——为支撑，即使这种影响也不能推升一般物价水平。例如，若德国汇率现在被国际社会普遍低估，则外币的高价格将倾向于使德国所需的进口商品更加昂贵，且就国内支付手段供给会对这种价格上升作出调整而言，这种外币的高价格还将导致该国国内物价的普遍上涨。这只是意味着一国通货的低估有某种自我纠正——尤其是通过使该国国内物价水平提高到足以使购买力平价更接近于实际汇率水平——的特定倾向。然而，忽略那些一国通货发生了高估或低估的情况，并进一步假定汇率与购买力平价相一致，我们发现不可能把外汇现在拥有一个高于战前价格的情况视作应对本国物价水平的被迫抬升负责。

类似于上述解释的一个基础是进口困难程度的增加。普遍认为，上涨的运费、其他国家的出口禁令和交战国的封锁措施，必然已推升了进口商品的价格，并由此导致了国内一般物价水平的上涨。这种解释确实比其他解释更多地被一般公众看作是不证自明和毫无争议的。但很明显的是，所有的进口困难只会有加剧商品稀缺性的效应。若国内支付手段供给已经对加剧的商品稀缺性作出调整，则并不必然会出现物价上涨。倘若支付手段供给保持不变，则我们必须预料到一个与商品稀缺性成比例的物价上涨。这种稀缺性的实际影响已在前面第 6 章得到更详细的讨论。

13. 同早期外汇理论的关系

现在，我们必须回顾一下外汇理论的发展历程，并解释这里给出的阐述所处的位置和早期对外汇问题的科学分析及我在更早研究中建立的一般货币理论之间的关系。

最早具备了科学性的外汇理论很可能是由李嘉图在其《政治经济学原理》一书里论述对外贸易的章节中给出的。然而，他感兴趣的主题并非正好是外汇，而是各国之间自由通商情况下的贵金属分配，以及由此决定的不同国家的不同货币价值。因此，他用货币价值来指黄金（或白银）对商品的购买力。在社会史的早期阶段，李嘉图（麦克·库洛赫整理版，第82页）论述道，当各国的产品很相似时，各国的货币价值主要受它们同出产贵金属的矿山的距离远近的约束；但是在一个更先进的阶段，当各国获得在特定制成品上的优势时，贵金属价值开始主要受这些制成品的优势调节。若英国和波兰均只生产谷物和便于运输的类似产品，则离黄金生产国比英国更远，且由此为了获取黄金必须将其产品输往更远距离的波兰，在这种金属上的境况将比英国糟糕得多。因此，黄金在波兰的价值将比在英国更高——也就是说，英国的物价水平将高于波兰。但是，若波兰能成功生产一种大受欢迎且量少价值高的产品，则作为该商品的交换，波兰将获得数量更多的黄金，从而该

商品在波兰的价格便会上涨。同黄金生产国之间的距离差异很可能会因为拥有一种可出口的高价值产品得到过多弥补，由此货币在波兰将拥有一个比在英国永远都更低的价值。反之，若英国在生产力和机械装置上拥有优势，则除了临近黄金生产国外，这将构成黄金在英国的价值比在波兰更低且英国的物价水平更高的一个额外理由。货币价值差异将不能在汇率上得到体现；票据仍可以面值计，尽管价格在一国比在另一国高出了 10 个、20 个或 30 个百分点。

从这些对李嘉图命题的摘述中，我们发现他所讨论的——根据我们自己的表示方式——是两国具有相同的金属货币的情况。若我们可以忽略金属由一国到另一国的运输成本（严格地说，还包括和把一种通货兑换成另一种通货有关的所有费用），则汇率将处在平价上。因此，将不存在外汇理论问题。相反，分析将集中在不同国家物价水平所处的位置上。故而，可以明显确定的是，发现更容易出口本国产品——不管是因为其产品在其他国家特别受欢迎还是因为它们很容易运输——的国家的物价水平必定更高。该结论与此前观察到的当一国向另一国运输商品倾向于在某一方向比另一方向更困难时，汇率对购买力平价的偏离相一致。若妨碍两国间贸易的运费障碍从一国出口至另一国比从另一国出口至该国更少，则汇率仍旧能保持其金属平价，尽管前一个国家有着更高的物价水平。更高的物价抵消了出口上的优势，从而达到了一个平衡。

这也是李嘉图的论点。他在自己论述工资税（第 138 页）的章节进一步发展了该论点。若贵金属交易完全自由，且货币不需任

何形式的费用就能被输出，则汇率必然会保持平价。基于这一论点，李嘉图最终推出了实际上蕴含着一个真正的外汇理论所应包含的许多要素的各种结论。但他的结论很自然地以一种不同的方式来表述。在研究李嘉图的著作时，特别是拿李嘉图得出的结论和对外汇直接考察得到的结论作比较时，人们必须牢记这点。

李嘉图强调了以下这点（第 138 页），即若一国采用了一种纸币本位制，则汇率将以和该国通货的增加超出该国拥有一种金属本位制和该金属可自由交易时将保持的数量相同的比例偏离于平价。李嘉图意指，增加的通货数量将导致物价水平的相应上涨：若英国通过采用一种纸币本位制或通过使其金属货币贬值，获得了 2000 万英镑而非 1000 万英镑的流通量，则所有的价格将会翻倍，且他国对英国的汇率将是原来的 50%。这显然意味着货币通胀必定会导致该通货的国际价值出现与其内在购买力的减少成比例的下降。李嘉图进一步证明了假定的英国物价上涨并不意味着对出口的任何障碍；事实上，更高的物价对外国购买者而言将由于对英国更低的汇率而被抵消（第 139 页）。但是，李嘉图把这些现象看作研究主题的枝节问题。它的主要兴趣是要表明，在金属本位制和平价汇率下，各国将依据其对外贸易获得一定数量的货币，这些货币的价值或我们所称的一般物价水平，由于不同的可得货币供给，在不同国家可能会有所不同。若从一国向另一国输送货币需涉及某种费用，则汇率将会偏离平价。因此，在一定范围内的汇率波动是可能的。但这些波动是一个独立因素，与不同国家的货币购买力毫无关系。故而，李嘉图很自然地推出了以下结论，他在第 84 页明确表示："当我们论及汇率和不同国家货币的相对价值

时，我们断不可想到货币价值与这些国家中任何国家的商品有关。汇率从来不是由货币同谷物、布料或任何商品的相对价值所决定的，而是由一种通货同另一种通货的相对价值所决定的。”我们丝毫也不必惊讶于据此得出的结论直观地给出了对人们在研究两个拥有独立纸币本位制的国家之间的汇率时所得到的结论的相当强烈的反对。

李嘉图对该主题的论述受到了他著书立说时所处历史条件的影响。在他那个时代，英国通货在拿破仑战争期间是否贬值仍是一个悬而未决的问题。关于通货问题的研究很自然地主要应指向对金属货币的研究，由此纸币将只是被看作是对正常事态的一种偏离。至少李嘉图在研究该问题的过程中，显然并未认为有任何理由从一套独立的纸币本位制度的假设出发。此外，在运费如此严重地与商品价值成比例的时代——19 世纪初如仍是如此——由运费差异所造成的各国货币购买力的差异，必定很自然地作为通货问题的一个基本要素显露出来。

对现今那些想研究通货问题的人们而言，客观条件已经大为不同。由于所有国家均已沦为纸币本位制，且由于到目前为止只有美国一个国家恢复金本位制，选择自由纸币本位制度作为我们考察的基本主题是很自然的。现在，把各国间的运费放在考察的次要位置也是很自然的。因此，在我对国际汇兑理论的早期阐述中，我已经从考虑两国之间有着活跃而广泛的商业关系且相互之间不存在运费或关税，从而由一国向另一国运输商品的成本几乎为零开始着手。于是，我们得出了国家间的汇率取决于任意两国之间货币购买力商数的结论。因此，我企图把条件简单到使支撑汇率价值的根本原因一目了然，且关于汇率的理论计算是可能的情形作为分析的起点。严格来说，即使这样的计算也不能实现，因为我们没有针对两国物价水平的确切的公共因子。当然，我们可以假设一定的有代表性的商品数量在两国需花费相同的成本，若两国通货之间的汇率处在其均衡水平。但是，该论述只有在一国同样数量的商品可以被看成是能代表其他任意一国的商品流通总量时才成立。若两国拥有几乎相同的生产条件，情况自然如此。但另一方面，只要汇率处在其均衡水平，两国之间同样将不会发生任何贸易。当然，汇率仍旧会存在，因为两国之间的旅行者需要将一国通货兑换成另一国通货。

若我们想更接近现实，就必须放弃直接计算满足给定生产和贸易条件的两国之间汇率的任何尝试，而必须从当汇率被假定为已知时某一时点的给定均衡出发，且根据该汇率来计算对应于货币通胀在未发生任何其他方面变化的情况下发生时同一均衡的汇率。这种方法——我在自己处理目前的通货问题时经常用到——在考察主要涉及对汇率在一个给定的被认为代表了一个正常均衡的时点之后所经历的变化原因进行解释时，显然是既合理又自然的。

李嘉图之后探讨外汇问题的学者通常把李嘉图对该问题的论述作为他们的起点，并把研究建立在李嘉图打下的基础上。他们假设两国拥有相同的金属本位制的情况。因而，均衡汇率将由金属平价所给定，由此这种考察只能关注于不同国家物价水平的不同位置。约翰·斯图亚特·穆勒认为，任何国家的物价水平均取决于该国以一个低价格购买进口商品，特别是贵金属的能力（《政治经济学原理》第三卷，第21章，第3段）。但即使在相同的金属本位制的情况下，汇率发生一定的波动也是可能的。这种波动的范围取决于该金属的输出或输入开始有利可图的点——换句话说，当讨论中的金属是黄金时，即“黄金输送点”。因而，问题是找出在这些范围内决定汇率的因素。通常，人们在讨论该问题时，仅满足于提到国外汇票市场的供求效应。外国的支付手段，正如任何其他商品一样，必定有一个由市场条件所决定的价格。穆勒为分析这个市场提供了某些思路，他指出汇率对平价的偏离将以一个必然会抵消该偏离的方向来影响国际贸易，因此其代表着对该偏离的一种修正。他还指出，信贷授予涉及付款被延迟的可能，这很自然地会使市场形势发生改变。

穆勒甚至把纸币仅仅看作是一种贬值的金属本位。在这种通货贬值的情况下，实际汇率是以下两种因素作用的结果：跟随国际收支差额而变化的“实际”汇率，以及由通货低于其金属平价的贬值额度所决定的“名义”汇率（第三卷，第22章，第3段）。

戈申在其《外汇理论》（第三版，1864年）一书中很大程度上采纳了和他同时代的穆勒的观点。需考虑的主要问题是两个拥有相同金属本位制的国家之间的汇率。通货贬值会导致黄金升水，外汇汇票价格与这种升水成比例的上涨和任何其他可购买商品价格的上涨方式完全一样（第102页）。* 但是，若黄金不能被作为支

* 随着不可兑换货币的每一次发行，将不可避免地发生一个与通货贬值成比例的渐进的物价上涨（第101页）。

任一给定国家的外汇汇票的价值将会发生与所有可购买商品——包括金条——受通货贬值影响程度成比例的波动（第69页）。

付手段输送，则这种决定机制的基础将不复存在。由此，外币价格将完全取决于供给和需求；若对外汇汇票的需求超出了供给，则理论上说外汇汇票的价格将不受任何限制（第74页，参见第71—72页）。因而，戈申似乎一直认为外汇问题在这种情况下是不确定的。故此，他几乎未对自由纸币之间的外汇理论进行任何阐释。

戈申认为，在通货维持其金属平价的情况下，汇率取决于国际收支差额——也就是说，由外汇汇票的供求所决定。但国际收支差额本身要受信贷授予的影响，而后者反过来又必然会受利率的影响。关于利息对即时国际收支差额进而对汇率的影响的研究，似乎代表了戈申对解决外汇问题最重要的贡献。

关于该问题的流行概念在很大程度上受汇率取决于供给和需求，而且整个问题可通过这一简单陈述得到彻底解决的观点所支配。对问题的这种看法被声称是不证自明的——正如不需作进一步考察的某事物——由此，任何更深入地洞察该问题实质的大门便被关闭了。人们停留于以下准则：若存在比外汇卖家更多的外汇买家，则汇率必定上升。但对于汇率的这种上升如何修复供求之间的不均衡，人们并不认为有必要认真思考。此外，很明显的是，均衡必定会受到影响，且影响的方式对外汇问题具有基础性意义。我们必须找出可能以什么方式实现均衡，当然，特别是汇率本身在这当中扮演着怎样的角色。即使在一种商品的价格如何被决定的问题上，简单地援用“供给和需求”也是一个完全不能令人满意的答案。仅仅说一种商品的价格在需求超过供给时将上涨并不够。均衡必然会实现，价格具有限制需求或刺激供给，以便需求能被供给满足的功能。在这种情况下价格才能得到确定。在外汇理论中，找出相应的机制如何对外汇市场的管制产生作用是一个问题。

故此，一个合理的外汇理论必须从一国对其他国家的国际收支差额存在稳定均衡的条件出发。于是首要的问题便出现了，即通过什么方式这样的一个均衡才能得到维持？在我的货币讲座中，多年来我一直以这种方式陈述该问题，而且我对这一方面外汇问题的阐释，如《社会经济学理论》（第 60—62 页）中给出的，包含了我沿这些思路所得出的结论的一个概述。我们发现，甚至偶尔偏离国际收支平衡，也会产生使汇率恢复均衡的反作用力。这是自动发生的，原因很简单：待偿付的债务随着临近到期，必须以某种方式被履行。即使这样，汇率偏离正常位置的错位也会发生；但只要正常位置本身未被扰乱，这种错位通常也是相当有限的。它的影响始终是对那些促成了国际收支差额均衡的作用因素的一种强化。

但是，外汇理论有着相当不同的另一面，当仅从外币供求效应的角度来考虑该问题时，它完全遭到了忽视。我略为提到了正常位置本身如何确定的问题。除非我们进一步回答为何给一种外币支付一定价格的问题，否则将不能澄清该问题。只有我们牢牢记住一套自由的纸币制度，才能给出一个普遍适用的对该问题的回答。也只有一个建立在如此广泛基础上的理论，才能作为解释由战争导致的国际汇兑革命的出发点。这里主要是一个通货价值深刻的内部变动——这些变动还必然体现在远比围绕一个固定均衡的寻常波动更广泛的汇率混乱中——的问题。这些变动的性质显然最好通过从一个把货币对商品的购买力视作货币价值基础的货币理论出发来判断。

自 1904 年以来，我就把整个货币理论建立在货币作为一个抽象的计数刻度概念的基础上，其中特定的支付手段——它们可能具有任何物理特性——具备现期支付能力，而且其单位价值取决于这些支付手段所对应的社会供应品的稀缺性。因此，我舍弃了金本位制是以一定重量的黄金作为价值单位的标准这一站不住脚的流行观念，我用把金本位制描绘成一个黄金价格在特定的狭窄范围内是固定的自由本位制来代替它。这逐渐引出了金本位制是自由本位制的一个特例的想法。在外汇理论上，这产生了从自由独立本位制的情形开始论述的结果，而且金本位制下的外汇问题被认为是一般问题的一个特例。对于这样一种外汇理论，显而易见的是，为外币支付特定价格的实际原因必然在于这些外币具有一定的商品购买力。由此，我得出了关于外汇问题本质的一般概念，其在《社会经济学理论》一书中表述如下："B 国外汇汇票在 A 国受到欢迎的原因是它们代表了在 B 国市场上的购买力。这种购买力显然将被高估：一方面，B 国存在更低的一般物价水平——换句话说，该国的货币价值更高；另一方面，A 国本身存在更高的一般物价水平。"

当有必要在战争导致的现行汇率的剧烈扰乱中寻找某种关联时，这种对问题的基本观点被证明是特别有用的。公众花了很长一段时间才正确意识到金本位制实际上已遭废弃，因而我们需要处理的是一套相互之间毫无内在关联的自由纸币本位体制。结果，公众又花了很长一段时间才认识到以下事实，即除非对这些支付手段的限制被认为在每一种特定的本位制下是有效的，否则将不存在任何支撑各国通货价值的根本原因。为新汇率主要是作为那些由货币不同贬值程度所导致的通货内在价值之间新关系的一种表示的观念做好准备是一个非常缓慢的过程。但是，从战争一开始，我在解决外汇问题上的努力就一直沿循这些思路。新汇率本质上必定取决于作为各种通货所经历的不同通胀程度之结果的旧汇率的混乱这一观点，在我于 1916—1917 年间发表的一些研究中得到了进一步发展。那时我所称的“理论汇率”完全等同于我在后来引进的“购买力平价”这一术语所表达的观念。在战争早期，唯一可得的物价指数是英国的物价指数。在其他地方，如瑞典和俄国，通货膨胀程度可根据纸币流通量的增加来判断。但在其他方面，我必须借助于实际汇率，并利用关于英国物价上涨的已知数据来计算这个通货膨胀程度。后来，计算物价指数变得更加普遍，甚至有可能单独确定不同国家一般物价水平的高度，进而在真正的意义上计算购买力平价，尽管这种计算由于可得资料的性质而多少有点不确定。通过对比实际汇率和由此得出的购买力平价，还有望确定可能发生的任何对购买力平价的偏离。

现在的“购买力平价”这一术语是我在后来引进的(参照我的文章“国际汇率的非正常偏离”,《经济学杂志》1918 年 12 月)。

虽然该术语到目前为止已在不同语言的经济学文献中得到相当普遍的应用，但是主要根据通货内在购买力所经历的变动来判断汇率的外汇理论几乎还未完全渗入公众意识。即使当人们已声称整个理论是不证自明的，抑或试图坚称他们一贯认可同样的关于外汇问题的概念时，通常也忽视了该理论必须依赖的条件或服从的限制并未被充分意识到，其后果也未被彻底理解，如汇率对国际贸易的影响等。有时，该理论走过了头，以至于成了纯粹的教条主义，汇率偏离购买力平价的高度可能性被否认。与这一观点相反，我提出了以下主张，即有必要持续不断地跟踪实际进展情况，看看它在多大程度上与一个合理的外汇理论(如这里所阐述的)的主要思路相一致，或者是否出现了需要特别分析的深层因素。

另一方面，仍存在对汇率依赖于购买力平价这一理论的顽固反对。人们坚定地奉行含糊的供给和需求理论，或者使自己满足于声称整个情况如此不明了，且受到如此众多因素的影响，以致不可能在任何确定的程度上得出任何结论！

通常，这些观点表现出一种极其含糊和混乱的形式，以致对它们的任何批评都会涉及寻找明确的抨击点的难题，因此并不是很有用。然而，即使一种谬见也能对得出一个可疑问题的解决之道做出非常有价值的贡献，倘若该观点出自一名训练有素的思想家。凯恩斯先生在其近作“合约的修订”(第 93 页)中附带给出的关于外汇问题的命题，提供了这方面一个非常好的例子。凯恩斯坚持汇率取决于国际收支差额的旧观点，因此始终把一种通货的国际估值的下跌描绘成供给超过需求的结果。很难理解他怎么会坚持这个观点，因为他甚至强调了作为任一合理的货币理论基础的论述，即销售和购买之间必然存在均衡，且据他所说这对于每一天都是如此(参见第 95 页的注释)。但是，凯恩斯声称，当一种通货的国际价值由于国内通货膨胀而下跌时，正是通货膨胀，通过强化该国国内购买力导致了扰乱国际收支差额均衡的进口增加(或者出口下降)，并因此推升了外币价格。这样的观点并不能被接受。该国国内增加的购买力只是代表了增加的对外购买力，只要该国通

货的国际估值的相应下降尚来不及受影响。凯恩斯的主张依赖于内在贬值总是先于外在贬值发生的假设。经验几乎未能提供对这一假设的任何支持。顺序倒过来似乎至少是同样正常的。我们必须在我们的外汇理论中明确指出这一点，即它应能解释在这种情形或那种情形下——特别是在国际估值紧随该通货内在价值而变动的情况下——的汇率变动，因为事实上它必然会如此，只要没有特别的扰乱因素介入。根据上述最后提到的假设，日复一日地，外汇市场必定会达到完全均衡，同时持续的通货膨胀将导致该通货国际估值的不断下降。因此，参考占优势的销售数量的可能性被排除，我们不得不去弄清当前的整个研究据此才得以推进的外汇问题的要点，即一种通货的国际价值主要取决于它的质地——也就是说，取决于它的内在购买力。

在那些对恢复金本位制给予了特别兴趣的地区，人们有时信奉通过购买力平价来确定汇率的教条，正如在某些方面人们反对金本位币之间的汇率通常得以确定的原则，因此也在某种程度上反对力图恢复金本位制的整个理念。当然，这样的反对并不能站稳脚跟。不可能在货币购买力未恢复到和战前通行的相同比例的情况下（各不同国家亦然）恢复旧的金本位制。金本位制国家之间恒定汇率的重建主要并不取决于这些拥有金本位制的国家，而是取决于它们通货的购买力是否保持在对金本位制作出调整后的特定水平。故而，即使在金本位制下，固定汇率的基本条件也是各国通货内在购买力之间的一个固定比例。因此，一个想保持金本位制的国家，将发现自己不得不使其通货保持某一明确的购买力，金本位制的首要意义事实上正在于此，即在某种意义上使那些掌控国家货币政策的人在面对这种必然性时一目了然。若通货对商品的购买力显著跌至其本该所处的水平之下，则黄金需求必定会上升，因为至少在其他的黄金生产国，黄金仍然保有其相对于商品的购买力。违反了这种黄金需求，积累的黄金储备将毫无用处。以黄金兑换该国通货从长远来看只有将该通货的购买力维持在其均衡水平才能持续。因而，恢复旧的金本位制或采纳一个新的更低的黄金本位的可能性，取决于该国通货的内在价值能和金本位币的购买力——换句话说，就目前而言，即美元的购买力——保持稳定关系的水平。购买力——即一般物价水平——的稳定性问题不可避免；汇率自始至终将主要取决于被授予该通货的内在购买力。金本位制无论如何都会把我们从实施这样一种信贷管制，特别是银行利率管制，以便该国通货能维持一个明确的购买力的必要性中解放出来是一种完全错误的观念。相反，在正常情况下，对一国货币制度的这种管制是维持金本位制的一个必要条件。当我们对恢复正常的世界货币状况问题作进一步的深入研究时，充分阐明这一点颇为重要。

14. 战后通货膨胀

根据流行理论，物价上涨只是被看作战争的一个结果，因此可以预料，物价下跌将紧随停战而至。当恢复常规情况之后，物价水平严格来说将回到其战前标准。这一直是关于未来发展前景的一般看法。事实上，若我们忽略惨遭彻底毁灭的国家，一开始，普遍（尽管非常温和）的物价水平下跌运动实际上已经发生，但这场运动仅持续了几个月。1919 年，新一轮通货膨胀开始到处显现，迫使物价水平在一些国家远远超过了此前达到过的最高上限。

在瑞典，物价水平下跌相对较为明显。在战争期间触及 370（1918 年 10 月）这一最高值的批发价格指数，在 11 月的轻微下降之后上升至 1918 年 12 月的 372。1919 年，出现了一波在 10 月达到最低值的平缓下降。但自那之后开启了新一轮的物价上涨，将物价水平推升到了 1920 年 6 月 366 的最高值，这几乎等同于停战当月的水平，但仍略低于此前的最高值。这显然是一个断不能通过援引战争时期的特殊困难来解释的纯粹通货膨胀过程。

在英国，物价下跌的持续时间还要更短。自 1918 年 11 月的 231 后，物价水平早在（1919 年）3 月就下降至 212 的最低值，而自 1919 年下半年后，价格指数（所有数据均来自《经济学人》杂志，以

1913年的取值为100计)大幅高于战争期间所达到的任何水平。物价上涨一直持续到1920年春:《经济学人》给出了3月310的最高值,《统计学者》给出了4月313的最高值。

在美国,物价只是出现轻微的下跌。价格指数(根据美国劳工统计局)从1918年11月的最高值206下降至1919年2月的197,也即下降了不到5%,但又上升至5月和6月的207,因而再次达到了停战当月的价格指数水平。截至7月,该数值已升至219,且在那之后出现了一个使价格指数远超过战前最高值的物价上涨。最高点在1920年5月达到,其值为272。

在法国和意大利,经历了1919年轻微的物价下跌之后,出现了一个非常惊人的上涨。较之1918年11月的366,法国在1920年4月达到588的新高,但相比于1918年409的平均值,意大利却直到1920年11月才触及670的最高值。

一般而言,物价下跌几乎不会大于作为自由国际交流恢复之结果的商品供给的改善可能导致的程度。在瑞典,这一因素有着特别的重要性,因为瑞典的商品供给在战争后半段受到了格外限制。对于其他国家,物价下跌几乎未超过5%—10%的区间,因此可以通过更充足的商品供给得到很好的解释。当然,贴现政策最终也决定了这一期间的物价水平运动。只要和平必定会带来物价下跌的观念仍在公众头脑里盛行,并使销售方更乐意处置他们的存货,同时使购买方犹豫不决,那么即使存在相对低的银行贴现率,也可能出现物价下跌。但是,若我们想弄清1919年瑞典的物价水平相较于英国是怎样下跌了这么多的,我们便不能忽视以下事实,即瑞典央行先是将其贴现率保持在直至4月24日之前的

7%，然后是一直到 6 月 12 日的 $6\frac{1}{2}$%以及从 6 月 13 日起的 6%，而在整个这段时期，英国均维持着 5%的贴现率，直至 11 月 6 日才将其提高到 6%。显然，1919 年英格兰银行实行的远远过低的贴现率一开始通过抑制物价下跌趋势，随后作为导致物价上涨强有力的因素被证明异常有效，是一个无可争议且颇具启发性的事实。

1919 年发生并在 1920 年达到顶点的新一轮物价上涨完全具备了新一轮通货膨胀的特性。关于这次通货膨胀的原因，我们首先必须想到国家行政部门到处出现的浪费现象。在战争期间，政客们习惯了财政部拥有无穷无尽资源的观念，在一个当这些特别需求均需通过各方面的国家财政来满足的时期，人们很难使自己摆脱这样的观念。在尚未给予满足它们的获取手段的可能性大量关注的情况下，许多在战争期间被推迟的公共需求须引起迫切注意。支出要么通过直接求助于银行，要么通过占用银行在很大程度上被要求留作储备的贷款，或者还可以通过同样会涉及银行通货持续创造的税收得到弥补。特别是，商业企业被要求缴纳巨额税收，但它们的流动性却已变得越来越不尽如人意，以至于它们不得不大规模地求助于银行信贷以便自己能支付税金。

作为一个战争结果的民主进展在所有国家显示出了一种增加国家支出的倾向。构成权力的新要素自然需要一些时间才能成功地获得对真实经济状况的充分认识，以便它们有望在支出问题上实施必要的限制。英国逐渐设法极其显著地削减了远超出国家财力的建设规划，甚至在其他方面以更合理的比例成功降低了在受限于履行之前向公众承诺的计划时经济上可行的范围内所勉强默认的需求。在其他相对而言尚未确立稳健经济传统的国家,呼吁对公共资金实行必要限制更难以产生影响。这在那些发生了政治革命的国家自然是最为困难的。战后的欧洲革命几乎使到处均卷入了一场多少有点让战时早期通胀相形见绌的通货膨胀之中。对任何人而言,这显然正是俄国革命的情况,但其在一个较严重的程度上也和其他具有类似倾向的革命在任何一段时期占优势的国家有关。匈牙利和芬兰通胀情况的数据在这一点上颇具启发意义。在德国,革命引发了一场远超过战争所需的纸币数量的增长。但在这种情况下,战胜国的空前掠夺在如此大的程度上导致了国家支出的不健全增加,以致永远不能准确算出这些因素中的任何一个所具有的重要意义。对于 1914 年 2 月底,我们可以估算出总流通量为 52.7 亿马克。到 1918 年 10 月初,也就是说在被最终击溃之前,德国很可能有着 5 倍于该数目的总流通量。在那之后,该数目在 1920 年 2 月扩大至 10 倍,且在 1921 年 4 月扩大至 15 倍。其后,扩大步伐仍在进一步加快,以至于截至同年年底,流通量已经 20 倍于之前。似乎很明显的是,协约国在这一最后阶段对德国的赔款要求是此轮过度通胀的一个主导性成因。

若我们忽略那些国家财政已彻底毁于战争及其后果的国家,我们可以更容易地发现,除了国家财政需求外,还有什么原因在导致 1919 年的通胀复苏中是决定性的。一个具有非常普遍意义的因素是,之前在稀缺条件下生活的人们所普遍感受到的对原材料和食物的迫切渴求。只要能获得船舶,便会出现异常活跃的原材料进口。很显然,普遍观念认为将出现一个前所未有的商品稀缺,因此为确保能获得自己想要的商品而支付任何数量的金钱都是值得的。由于这一点的缘故,特定类组商品的价格被迫上涨到了一个远超过战争期间所达到的水平。因而,《经济学人》的价格指数(以1913年为100计)在1919年下半年至整个1920年期间显示出尤为可观的上升。对包含谷物和肉类在内的商品类组而言,1918年的价格指数为216,但后来在1920年10月上升到了267的最高值;对纺织品而言,1918年的价格指数为284,但后来在1920年3月上升到了465的最高值;对矿产品而言,1918年的价格指数为166,但到了1920年3月上升至252;对于尤其是包含木材在内的杂项商品类组,价格指数显示从1918年的231上升到了1920年3月的290。若我们考虑到美国的物价上涨,我们便会发现类似的情况;这里,所达到的最高物价上涨也是在纺织品上,其指数早在1918年就已升至239,但继续上升到了1920年2月的356;而对于木材和建材而言,价格指数从1918年的151上升到了1920年4月341的最大值。在瑞典,食物和农业必需品价格在1918年已经上涨了如此之高,以至于只能发生微不足道的进一步上涨。而相对于1918年856的平均值,煤和焦煤价格指数上升到了1920年6月的1252;相对于1918年300的平均值,纸浆价格指数也上升到了1920年5月的788。

世界市场所盛行的剧烈的商品竞争,特别是在1919年下半年至1920年上半年期间,可以从欧洲国家和美国进口商品价格指数的异常上升中明显看出。就瑞典而言,进口商品价格与1913年相比整体上显示出一个相当大的上涨。若进口商品价值以1913年的价格计算,且用1913年进口商品价值的百分比表示,则这种上涨能得到最好的显示。这样的计算目前由商业委员会(斯德哥尔摩)根据外贸统计提供,但其并未囊括整个对外贸易。因而,我们得出的 1919 年年初的价格指数大大低于 100,但在 5 月触及了该值。其后,除了 1919 年 11 月外,价格指数一直到 1920 年 9 月在所有月份均大大高于 100。价格指数在 1919 年 6 月触及 181 的最大值。1919 年的平均价格指数为 109.2,1920 年的平均价格指数为 123.4。1920 年,整个瑞典的进口商品价值总计为 33.735 亿克朗,而出口商品价值总共只有 22.936 亿克朗,因此存在一个高达 10.799 亿克朗的庞大入超。

由类似方法计算出的美国外贸价格指数(《美联储公报》)显示,相比于 1913 年的基数 100,1919 年和 1920 年的进口商品价格指数均略高于 171;1919 年 8 月和 1920 年前 4 个月,进口商品大大超过了正常数量的两倍,且在 1920 年 3 月达到 247.2 的最高值。出口商品的增长要相对小得多。然而,贸易差额自始至终对美国都更有利,但出口商品如此大规模地涌向欧洲,以致美国同世界其他地区的贸易差额出现了一个赤字。南美洲和远东的情况尤其如此。为了偿付来自这些国家的入超,美国不得不输出黄金和白银。1919 年,美国对南美洲的黄金净出口总共达到了 8700 万美元,1920 年为 9400 万美元。美国对远东的黄金净出口在 1919 年总计为 2.05 亿美元,1920 年为 1.56 亿美元;但这还必须加上 1919 年 1.99 亿美元和 1920 年 9200 万美元的白银净出口。因此,在1919 年,美国向远东的贵金属净出口上升到了 4.04 亿美元。这些数据提供了美国从上述世界各地进口商品之反常程度的很好概念。

但是，上述所有解释理由皆不足以构成对战后发生的物价普遍上涨的真正解释。缺乏支付手段供给的相应增长，增加的国家财政需求和对商品的猎求均不能成功地导致这种物价的普遍上涨，就其本质而言，这在所有情况下都是一种货币现象。

不同国家的名义购买力供应由它们各自央行的一般性信贷政策，特别是它们的贴现政策所决定。人们会认为，这里讨论的价格上涨趋势连同在任何地方都作为这些趋势结果相伴而来的剧烈投机，以及(就欧洲国家而言)极其危险的贸易差额演变，必定为央行采取一项严厉的限制性贴现政策提供了足够强大的动机。若银行被要求提高贴现率，则这正是 1919 年春在当时所盛行的条件下新一轮信贷扩张开始出现的明显迹象。但是，如前文已指出的，英格兰银行一直固守 5%的贴现率，该贴现率于 1917 年 4 月 5 日开始实施，持续了超过两年半的时间——事实上，直到 11 月 6 日贴现率才被提高至 6%。该贴现率在 1920 年 4 月 15 日贴现率被提高到 7%之前一直都在生效。法兰西银行保持着 5%的贴现率，直到 1920 年 4 月 8 日，该行才把银行贴现率提高到 6%。挪威银行在 1919 年年初的贴现率为 6%，到 1919 年 5 月 9 日，该行发现将贴现率降至 $5\frac{1}{2}$%的时机已经成熟，$5\frac{1}{2}$%的贴现率被保持到了同一年的 12 月 18 日，该日起贴现率又恢复到了 6%。丹麦国家银行在 1919 年年初的贴现率为 5%，但几乎刚到 1 月 3 日它就被提高到 $5\frac{1}{2}$%，此后，直到同年 10 月 7 日贴现率被提高到 6%之前都保持着该贴现率。瑞典央行在 1919 年刚开始时实施 7%的合理贴现率，如此前已经表明的，该行认为在 1919 年分两次降低贴

现率是适当的——也就是说，在 4 月 25 日把贴现率降低到 $6\frac{1}{2}$%，在 6 月 13 日把贴现率降低到 6%。直到 1920 年 3 月 19 日，该行才重回 7% 的贴现率，而在同年 9 月 17 日商业周期几乎处于衰退时，该行又把贴现率提高到了 $7\frac{1}{2}$%。荷兰央行在整个期间都保持 $4\frac{1}{2}$% 的贴现率不变，但在 1920 年 10 月 19 日将贷款利率提高了 1 个百分点。

从上述数据可以清楚看出，欧洲各国央行完全错误地判断了形势。它们并未意识到提高贴现率的必要性，直至过度宽松的购买力供应已经导致在某种程度上远甚于战争期间通货膨胀的新一轮通胀。此外，在提高贴现率上最初颇有犹豫的举措并不足以遏止已经一触即发的物价上涨。很明显，关于在当时的特别情况下贴现率无效的流行学说，在很大程度上导致了这一时期央行态度的明显软弱。但这一整个学说被起因于过低贴现率的通货膨胀证明是完全错误的。

贴现政策以完全相同的方式在美国得到了实施。直到 1919 年秋季末，联邦储备银行都维持着 4% 的最低贴现率。这一最低贴现率在 11 月被提高到 $4\frac{1}{2}$%。因而直到美国流失了数亿美元的黄金，且物价水平在一个月内被迫上涨至 230 后，该国才开始考虑提高贴现率，即使如此，最低贴现率的提高幅度仍仅限于温和的 $\frac{1}{4}$%，对其他特定利率也只提高了 $\frac{1}{2}$%。这种过迟的紧缩政策所造成的一个后果是贴现率在后来不得不被更加激进地提高。1919

年的一整年内都将30—90天期限商业票据的贴现率维持在$4\frac{3}{4}$%的纽约联邦储备银行，在1920年1月21日把该贴现率提高到6%，在5月29日又提高到了7%。因此，这些贴现率的提高大约只比伦敦方面贴现率的相应提高晚了两个月。提高贴现率压力的主要部分以这种方式被用在了经济繁荣波段的反面，且实际上在1920年5月当物价水平为272时达到了顶点。对于任何回顾美国在1919年期间事态进展的人们，很明显的是，过度宽松的贴现政策最终应对1919年下半年和1920年年初发生的最严重的美元通货膨胀负责。联邦储备银行不顾非常明显的新一轮通货膨胀信号而维持明显过低的贴现率的原因与国家财政有关。这在美国中央银行体系的机关报刊——《美联储公报》中多次得到了明确陈述。如美联储成员银行在1920年7月《美联储公报》第662页所述，1919年6月底以来事态进展的主要特征在于，阻止联邦储备银行持有的为战争目的而发行的政府证券组合出现增加，以及贴现率由战争条件下所必需的低稳定水平成功转向与商业周期情况相一致的更高水平的尝试，而且反映了该体系试图通过控制信贷扩张和相应努力以使其成员银行限制过度的或非必需的资金增长。美联储于1919年10月召开的成员银行董事会上提交的一份报告中有如下陈述："政府融资规模不断下降的事实似乎不需要联邦储备银行利率维持如战争期间所盛行的一致性程度，但自由公债利率却必须具备比其他所有实际上规定的一致性更高的一致性。"在1919年11月刊的社论文章中，据称，财政部对市场资金降低的需求预示着当政府的金融操作将不再是制定美联储银行政策的重要因素时的一种做法。对银行业现状的所有条件作一回顾后，联邦储备委员会坚定了在其贴现政策的运用中不应再推迟提高贴现率的观点。如上文所述，正是这一观点导致联邦储备银行在 1919 年 11 月提高了贴现率。在 1919 年 12 月刊的社论文章中有以下内容陈述："限制不适当使用再贴现特权的通常做法是提高贴现率。若非因为对政府融资造成的压力，这项政策本该在几个月前即已实施。"财政部已经发行了超过 200 亿美元价值的各种战争证券，银行在联邦储备委员会的许可下根据这些纸面证券的安全性提供贷款。这一事实"实质上改变了委员会原本可能采取的政策"。但该文继续写道，为支持政府公债善意的认购者而维持的相对低的贴现率，为其他旨在满足私人目的的借款人提供了以相对低的成本获得资金的机会。

银行贴现率在当时的反常情况下已丧失其效力的一般假设可以在《美联储公报》中找到。但是，当和诸如上文所引的坦率陈述放在一起时，这些陈述不可能给人留下深刻印象。在回顾截至 1920 年 6 月的财政年度时，1920 年 7 月的《美联储公报》进一步明确声称，"所得出的一般性结论明白无误的大意是说，通过更高的贴现率实施信贷控制获得了显著成功"。联邦储备银行可能会在多大程度上预先将其贴现率提高至美国经济形势所需的水平这里不作讨论，因为该问题是一个关乎战时财政的政治问题。但任何客观判断该问题的观察者都不会质疑，若从政治观点来看，有可能使贴现率在停战后不久即出现一个足够明显的提高，那么便能有效地阻止随后发生的物价上涨。整个 1919 年期间所维持的明显过低的贴现率至少通过作为其直接后果的物价大幅上涨充分显示出了它的效力。正如我们将看到的，后来采取的提高贴现率的措施也被证明是有效的，但它们要在一年多时间后才会产生效力，因此并未能阻止于 1920 年春达到其顶点的通货膨胀。

美国采取的完全过于疲弱的贴现政策无疑对欧洲产生了强烈影响。正如美元的内在价值出现如此大幅的下跌一样，同一时期流通中的欧洲通货的内在贬值并未表现得像它本该呈现出的那般严重。在欧洲，有可能成功地把部分责任推给“国际性的物价上涨”，进而使公众注意力从正在持续的新一轮通货膨胀过程中分散开去。此外，由于美国的稳健货币政策——一项维持美元内在价值不变的政策，美元汇率在欧洲将以一种比目前情况下更令人不安的方式上涨。故此，即使从这个角度来讲，美国 1919 年采取的货币政策导致欧洲陷入了一种不乏安全感的假象，其不可避免地伴随着一场极其狂暴的觉醒。

新一轮通货膨胀过程还导致了新一波的黄金贬值。从战争爆发一直到 1917 年 4 月 1 日——也就是差不多当美国卷入战争时——美国的黄金存量以整数计大致增加了 12 亿美元。在 1917 年 4 月至 1919 年 6 月期间，黄金存量只是出现了轻微变动，因为来自协约国的黄金输入在美国卷入战争后为它们的盟友提供赊账商品，以及在 1917 年秋黄金输出禁令被采用时便停止了。1919 年 6 月 1 日货币统计资料中给出的美国货币性黄金存量为 30.92 亿美元，相比之下 1914 年 7 月 1 日为 18.91 亿美元。贸易统计资料显示，自 1914 年 8 月 1 日至 1919 年 6 月 10 日（包括该日）期间的黄金净出口为 11.01 亿美元。因此，当 1919 年 6 月 9 日黄金输出禁令被废除时，美国已经完全有能力承受任何可能的黄金流失。

但是，从其他国家的角度来看，这种黄金流失被证明是相当可观的。在该年剩下的时间里，净流失的黄金总计为3.213亿美元。在1920年第一季度，又发生了1.028亿美元的额外净流失，以至于从黄金输出禁令废除之日起一直到1920年4月1日期间，净流失的黄金总量达到了4.241亿美元。如本书第7章所指出的，这般严重的黄金流失主要应归因于来自远东和南美洲的商品进口。数量更为庞大的黄金从欧洲或者自南非经由欧洲流入美国。1919年至1920年第一季度期间的黄金进口总量达到了1.116亿美元。然而，在同一时期，出口总量却上升到了5.061亿美元。在1919年，总量为2980万美元的黄金流向了西班牙。但在其他方面，黄金出口几乎完全足以支付来自远东和南美洲的美国进口盈余。相比于对墨西哥的大量黄金出口，从墨西哥进口的白银数量更为庞大，而且由于这些白银也被出口到远东地区，对墨西哥的黄金出口同样可以被认为足以支付来自远东的进口盈余。

黄金以如此庞大的规模提供到这些市场，必然会给黄金的价值施加强大的压力，其很自然地将导致以金本位币表示的价格出现一个相应的上涨。

尽管美元的内在价值在1919年6月至1920年5月间出现了大幅下跌，但是美元仍旧保持着一个相对高于欧洲通货的价值，后者在同一时期经历了某种程度上甚至比美国所发生的还要剧烈的新一轮通货膨胀。其结果便是黄金能继续从欧洲流向美国。后来，当原材料出口国不再拥有充满活力的贸易条件且世界发现自己能非常好地获得原材料供给时，从美国向这些国家的黄金出口便停止了。美国的黄金贸易差额在1920年中期变得相当平稳。

故此，尽管其内在价值不断下跌，美元却完全维持着其同黄金之间的平价。由于先前积累的巨额黄金存量，美国能够满足世界上出现的所有黄金需求，任何地方的黄金（且忽略运输成本）皆不可能拥有比它在美国更高的购买力。换句话说，黄金价值下跌到了其在美国所处的水平，且这个价值由美元的价值所决定。在这段战后通货膨胀时期，美国被认为占据着一个事实上格外引人注目的独特地位。因此，一种通货由于内在贬值，为了能使黄金和它一起贬值而在价值上贬损是一个异常现象。而且，人们几乎不会对世界各国在立刻准确地意识到我们刚刚论及的通货膨胀时期正发生一些什么上会遇到困难感到惊讶。在 1920 年 4 月和 5 月，当英国和美国的物价达到它们的最高水平时，伦敦对纯金的平均报价分别是每盎司兑 105 英镑和 107 英镑 5 先令，这显然大大高于平价（84.96 英镑），但却远低于早先时候的报价，因此并非特别令人担忧。黄金价值的下跌，在这一时期同在战争期间大抵相当，似乎已使欧洲的通货膨胀看上去比它本该出现的要相对轻微得多。

15. 改革计划

当然，在通货膨胀时期，人为购买力持续创造的危险某种程度上随处可见，可以想到的有望恢复更正常情况的不同手段已经得到讨论。但是，制订一个恢复正常货币状况的真实计划的初次尝试或许是英国作出的，英国早在 1918 年 1 月便指定由坎利夫委员会负责调查可能出现在重建时期的涉及本国通货和外汇的不同问题，并提出恢复常规情况所必需的各种措施建议。1918 年 8 月 15 日，委员会发布了它的首份报告，阐述了一个被认为对英国重建一套健全的货币制度必不可缺的全面计划。该计划的要点是金本位制必须立刻得到恢复。为此，政府应避免占用新的贷款，且如果可能的话，还应着手偿还其债务。此外，英格兰银行必须通过提高其贴现率并使之产生效力来阻止黄金输出到国外，以及进一步阻止所有的投机性信贷扩张。

但是，坎利夫委员会把主要兴趣放在了通过立法促成对无黄金储备作兑现的流通量的限制上。为推进这一目标，委员会起初提议在英格兰银行积累尽可能多的黄金。因此，国内黄金流通绝不可能得到恢复，相反，所有银行都必须将它们剩下的黄金储备转到英格兰银行。对黄金储备正常的最低要求被定在 1.5 亿英镑。在达到该数目且该数目在令人满意的国际汇兑条件下被成功维持至少一年之前，不兑现的纸币发行量将不得不被审慎削减。若某年不兑现的纸币流通量通过这种方式减少了，则该年它的最高上限将被定为下一年的法定最高上限，但在有必要时也允许出现例外。直到汇率被证明在 1.5 亿英镑的最低黄金储备要求上运转正常之前，都不能最终确定不兑现的纸币发行数额。

在临近 1919 年年终时，坎利夫委员会提交了它的总结报告，报告中委员会坚持它的最初计划。其所提议的将不兑现的纸币发行量限定在一个对应于上一年最高值的最高上限之内的规则很快被接受，因而自 1920 年(包括该年)起便开始生效了。但是，这项限制至少在刚开始时主要通过增加黄金储备而非减少纸币发行总量得以实施。

1918 年 1 月的平均纸币流通量(包括英格兰银行纸币和流通券)总计为 2.5716 亿英镑。在 11 月，它增加到了 3.5926 亿英镑，12 月又增至 3.8216 亿英镑。1919 年 1 月的平均流通量为3.8096 亿英镑，1920 年 1 月为 4.2195 亿英镑，1921 年 1 月为4.6106亿英镑。1920 年 12 月达到 4.7297 亿英镑的最高月平均流通量。当然，在对这种增长进行估计时，必须合理考虑到委员会提议的在随后得到实施的由私人银行转到英格兰银行的黄金。但以下这点被认为是毋庸置疑的，即总流通量在坎利夫委员会发布其首份报告后经历了一个相当可观的实际增长。无论如何，如前一章所表明的，物价上涨仍在继续，因为根据《经济学人》的数据，价格指数从 1918 年 11 月的 227 上升到了 1920 年 3 月 310 的最高值(以 1913 年为基准 100 计)。尽管如此，仍有可能使英国央行的黄金储备大幅增加，这部分是由于黄金从私人银行向英格兰银行的强制性转移，部分是由于坎利夫委员会关于重建有效的金本位制的提议并未获得实施的事实。

鉴于这段经历，坎利夫委员会报告的缺点变得异常明显。力促恢复金本位制的确很不错，委员会希望借此逐渐达成的对不兑现的纸币或有负债的新限制条款本身，很可能已经过深思熟虑。但在这个最终更为正式的问题上，委员会并未能对一般物价水平的下跌是如何产生的，以及这样的物价低迷会对国家工业生活和国家财政造成怎样的后果等更重要的问题给予密切关注。委员会也没能完全说清楚该问题的国际性特征。黄金价值因一般性通货膨胀而贬损的首要事实并未得到充分强调。故此，委员会关于英国通货膨胀程度的陈述多少有点含糊，且未能充分解释对金本位制的恢复而言，一般物价水平下降多大幅度将是必要的。除非美国的物价进展情况同时被考虑到，否则该问题不能得到回答，因此一项旨在恢复英国金本位制的深思熟虑的政策缺少美国的合作是不可能的。确实，坎利夫委员会(在其首份报告第 9 页)表达了“战后世界物价很可能在许多年内(若非永久性的话)处于一个大幅上涨后的水平”的观点。这个预言显然意味着黄金价值仍将保持在低位，但委员会并未对该预言的含义进行任何周密分析，事实上也没有对将决定未来黄金购买力的因素作任何周密分析。各国央行之间对黄金加剧的不必要竞争，作为事实上被证明是恢复金本位制问题中的一个基本特征，在委员会的观念中似乎也未占据主导性地位。

就其本质而言，坎利夫委员会的通货紧缩计划主要是一个与国家财政有关的计划。实现这个计划必然会涉及的困难有多大，

最近在一份英国的金融机关报(巴克莱银行《每月评论》,1921年12月刊,第4页)中得到了表述,我很乐意从中摘引以下内容:

> “这项政策的第一要点是停止政府借贷,征缴税收不仅足以应付支出需要,而且足以为减少国家债务提供财政盈余。很明显,这只有在繁荣时期可行,但本报告并未包含任何具有相同性质的对将伴随贸易萧条而来的情况的周密分析。这一点更令人觉得好奇,因为既然稳定且持续的物价下跌必定会减少和抑制贸易活动,那么有效的货币紧缩在长期内必然倾向于使工业陷入萧条。只要工业欣欣向荣,且不损害生产就能征收足够数量的税收,坎利夫委员会勾勒的政策在合理的限度内便能得到稳妥推荐。但若商业不景气变得足够严重,货币紧缩迟早都是不可能的,因为政府将无力从工业利润中征集足够的税收来满足所有的支出。若该项政策在其合适的时期已过之后仍旧继续推行,则一场严重的危机便会出现,因为如此一来税收支付将会损害资本形成,而这又将通过延迟贸易复苏和降低国家生产能力,使政策试图治愈的严重弊害更加凸显。”

坎利夫委员会的报告对英国具有以下重要意义,即它在早期便确定了货币政策的目标应该是恢复金本位制这一理念。根据委员会的提议实施的关于不兑现的纸币发行量的限制,一直是对将流通量保持在合理限度内的必要性的一个持续提醒。但是,该报告没能为获提议的通缩主义者计划的实际践行提供多少指导。事实上，它所取得的成果也不是非常令人满意。在委员会被任命已过去四年多后，他们的主要需求——恢复金本位制——仍未得到满足，而可以预见的作为通货紧缩政策后果的不景气却已开始出现，且表现出一个极为严重的性质。

英国人不允许自己因不得不面对的困难而备感气馁，而是牢牢坚持考虑中的目标，且即使需要 5 年甚至 10 年才能实现该目标，他们也声称准备好了——这是符合英国人的国民精神的。但若结合对问题性质及其国内外适用范围的更清晰的洞察，以及考虑中的目标据此得以实现的方法的性质的明确概念，则这一目标优势将具有远为更多的实用价值。

对货币问题作为一个整体的更广泛的观点由达伯农勋爵(Lord D'Abernon)所阐述，他于 1919 年 11 月 26 日在上议院的一次演讲中抨击了当时盛行的肤浅观点，且正如从下文给出的简短摘述中可以推断的，他表达了有助于一个真正能站得住脚的解释的观点。

他预先请求索要不同国家关于生产、价格运动、纸币发行等的政府信息，以便能显示高生活成本的诱因可否在生产供不应求或支付手段的人为增加中找到。这些信息现在即将发布，* 它们表明许多重要物品的世界产量只是略低于战前产量。由此，达伯农勋爵推断，物价普遍上涨不能通过产量减少得到解释。世界商品

* 生产报表。一些国家的价格运动和通货扩张(Cd. 434)。部分资料被转载于 1919 年 12 月刊的《经济学杂志》，并增加了以下中肯备注："通货数量、物价和汇率之间的实际统计关系，与考虑到现前诸多干扰因素的理论预测如此密切吻合，以至于连理论家也颇感惊讶。"

供给在 1918 年至少可能达到了 1913 年 90%的水平。但支付手段数量在战争期间却扩大了 5 倍多。因此,物价上涨本质上必然归因于过度充足的支付手段供给。这个推断得到了各国物价上涨与纸币过度发行密切相符这一事实的进一步强化。

达伯农勋爵还能利用政府所提供的资料表明把牟取暴利行为视作物价上涨原因这一流行观念的不切实际性。事实上,正如英国的调查研究清楚显示的,牟利行为的利润绝非如此之大,它也不具备像人们所假定的一般性意义。

各国不同的物价上涨本身已成了我们现今正目睹的巨大汇兑混乱的原因。试图把这种混乱归咎于国际债务或国际贸易差额变动的通常解释是完全站不住脚的。若一国铸币标准规定的金属百分比含量降到原来的一半,则所有人都很清楚,该国的汇率断不能保持不变。但若一个纸币本位制国家突然使其纸币数量翻倍,则结果将和这完全相同。此处隐含着关于汇率在战争期间所经历的变动的本质解释。通货内在价值的变动代表了一个如此压倒性的汇兑混乱原因,以至于通过增加出口或减少进口来改善汇兑的一切努力,和试图通过借助于人为阵风在水面上激起一波反向涟漪来阻止涨潮同样有效或有用!这种对迄今普遍持有的错觉的强力颠覆获得了上议院一致叫好的接受。

达伯农勋爵进一步声称,刚公布的数据彻底颠覆了世界上绝大多数国家政府至今仍在奉行的理论。因此,有必要找到一个新的基础以便继续前行。对世界支付手段 6 个月的适当控制在降低生活成本上将比在食品控制委员会和处置牟取暴利行为的法院之下最后 3 年期间,或者通过对生产者增加产量和消费者削减开支的大量呼吁所取得的成果远为有效。若英国对支付手段进行适当控制,它将能摆脱本国在商品进口上的所有棘手限制和对货币输出的禁令。高生活成本的罪恶绝不是上帝一手造成的,而是由在一项本该逆向实施的政策下采用的直接措施所导致的。

这一问题渗透在其他所有的问题中,而且只要它没有从正确角度得到处理,其他方面所有的改革努力都将徒劳无功。到目前为止,对货币的不善管理是所有社会动荡原因中最强大和最具威胁的。但这里我们有一条明显的进路可以追寻。

达伯农勋爵提议新任命一个客观公正的委员会,由其负责给出物价水平高企的原因和货币政策对它的影响的报告;此外,政府应采取措施召集一次国际会议来讨论货币状况和物价形势。皮尔子爵代表政府回应道,这些提议应被摆上政府议事日程。他承认了达伯农勋爵对该问题的看法的正确性,并强调了待解决问题的异常宽泛的范围。

在更重要的论及这一时期通货问题的文件中,还必须提到“最高委员会”注明日期为 1920 年 3 月 8 日的“经济声明”。除了其他方面外,该声明着重强调了黄金贬值应归因于相当大量的黄金在欧洲得到释放并流入到其他国家的事实。但是,人们并未对这一现象进行周密分析,也未对恢复金本位制的影响进行周密分析。普遍承认,汇率的崩溃至少部分地是各国通货降低的购买力的一个结果;但人们仍坚持认为,汇率本质上取决于国际贸易差额。贸易逆差被看成是一种通货以其他通货表示的价值低于由这两种通货内在购买力之间的关系所决定的水平的原因之一。人们指出,通货的这种低估提高了进口商品价格,因此倾向于使相关国家的食物和原材料更加昂贵。为纠正这一点，增加出口得到了提议。在这样的出口增加成为可能之前，一个暂时性的均衡必须借助于伴随所有不必要的进口降至绝对最低下限而来的私人商业信贷得以确立。声明以建议一项可通过下列措施产生效力的通货紧缩政策收尾：

(a)将当前国家支出削减到收入所能承担的水平；

(b)实施对该目的而言可能是必要的额外税收；

(c)借助国家储蓄可支付的贷款来合并短期贷款；

(d)立即缩减纸币流通量，随后采取逐步缩减的措施。

声明并未包含任何对这样一项政策将会涉及的困难，或者采用该项政策旨在实现的最终目标的讨论。

对外汇问题的后续处理尤显重要的是应国联邀请于1920年秋在布鲁塞尔召开的国际会议。专为这次会议而收集的丰富材料、提交的各种报告和备忘录，以及会上展开的讨论，共同构成了外汇问题的一个知识来源，而外汇问题始终对希望获得该主题相关信息的任何人都极有价值。但是，会议几乎未形成以能为世界货币体系重新调整的积极工作提供大量指导为方式的决议案。而且，决议案有时还以消极方式对该问题起了相当重要的作用，例如，当其观点被表达为"国际铸币和国际计算单位均不能充当任何有用的目的，或去除国际汇兑现今正遭受的任何混乱"；或者"通过对外汇业务实施人为控制来限制汇率波动的任何尝试"被视为"徒劳的和有害的"而遭弃用。对军备限制、其他支出的无情削减和不同国家之间有效合作的必要性，以及为国家干预国内工业和鼓励国际贸易提供最大可能的自由程度的必要性的有力强调，是世界一流金融专家在这些问题上所持有的合理观点的一种巧妙表述。事实上，在某些方面，这些声明也对随后的事态发展产生了一些影响，但在其他方面，特别是对于国家间的坦诚合作和国际贸易的自由程度，不幸的是，并不能说这就是实际情况。

关于实际通货问题，会议报告并不是很有启发意义。在基本要点上，它的表述极其含糊不清。一方面，它宣称"那些已背离有效的金本位制的国家重返金本位制是非常可取的"；另一方面，它又声称"回归或建立有效的金本位制在许多情况下需要庞大的通货紧缩"；但它未能从中得出这样的一个通货紧缩必须被避免，因此通货同黄金之间的平价必定远低于其战前水平的明确结论。相反，报告给出了如下非常含糊的表述："通货紧缩，若被采取和当正在采取时，必须小心谨慎地逐步实施；否则，其对贸易和信贷的干扰可能是灾难性的。"至于这样的通货紧缩过程的目的究竟是什么的基本问题，却没有答案。与清楚、诚实地表明一个巨大的通货紧缩必须被避免相反，会议认为宜建议通货紧缩过程采取渐进的方式——一个实际上无非是很好地契合了那些不愿直面困难的人们的一种逃避的建议。而且，似乎不难想象，这样一个渐进的通货紧缩可能会受影响于货币所依据的财富的增加。此外，公共债务的逐步偿还、更高的利率和某种信贷配给，也作为实施有效的通货紧缩的手段得到推荐。

至于通货膨胀如何影响黄金价值，以及通货紧缩政策和恢复一套有效的金本位制所必需的措施，可能会对黄金价值产生怎样

的影响问题，布鲁塞尔会议几乎未曾涉及。

在决议案中，关于这个主题的唯一陈述是："我们无法推荐任何稳定黄金价值的尝试，而且我们严重怀疑这样的尝试能否取得成功……"但是，该问题在随后由国联委任的金融委员会的进一步调查中有所提及。

布鲁塞尔会议的筹备适逢上文描述的战后通货膨胀达到顶点和一些欧洲国家正陷入必然会导致其货币制度完全被毁坏的通货膨胀之际。在这种情况下，布鲁塞尔会议自然应将其主要关注点放在结束到处盛行的通货膨胀的必要性上，它的决议案也应极力强调这种必要性。在这一点上，若对伴随即将到来的通货紧缩过程而至的困难和危险的分析被忽视，则考虑到当时的环境，这种忽视在某种程度上或许也情有可原；但是，它仍然毫无疑问地被证明对随后事态进展极为有害。正是在像 1920 年秋所发生的这种情况下，关于所追求的货币政策的主要思路以及这项政策的目标和手段的权威声明，比以往更加迫切地为人们所急需。

在 1920 年 3 月《经济学杂志》上刊出的一篇文章（"关于世界货币问题的进一步观察"）中，我表达了以下观点，即试图使物价降至它们此前水平的方法很可能最终被证明比以往的通货膨胀过程更具灾难性。对长期物价走低的预期将扼杀所有的企业活动，并妨碍重建进程。此外，黄金价值的上升在许多国家将加重恢复金本位制的困难，且极其严重地增加它们已经岌岌可危的财政的负担。因此，很显然，世界各国理应阻止黄金价值出现任何进一步的上升。

与当时流行的通货紧缩可借助与支付手段供给相一致的产量

增加——也就是不需要原有支付手段的任何减少——得到实现的观点相反，我表明这必然是一个非常缓慢的过程。在正常的进展速度下，比方说每年 3%，将需要 31 年才能克服指数为 250 所代表的通货膨胀，而且在通货膨胀指数达到 300 的国家，几乎要 38 年的商品供给才能与支付手段供给相符。要在如此长的一段时期内继续人为地降低世界支付手段供给，显然是相当行不通的。"此外，作为其结果的一般物价水平的持续下跌无疑会妨碍所有的商业活动，并导致一场严重的经济萧条。在这样的情况下，指望整个计划所依赖的世界生产的正常进展将是徒劳的。"

针对这种推理的反对意见认为，世界此前也曾经历过长时期的物价下跌，其进展却并未因此受到抑制。人们总会特别提到 1873—1895 年的这段时期，当时黄金的显著稀缺造成了相当可观的物价下跌。但事实上，这段时期在很大程度上也是一段旷日持久的萧条时期，其间不断下跌的物价水平显然成了商业活动一个非常严重的障碍。出口尤为依赖于世界实际资本的连续创造的瑞典在这场萧条中饱受重创，且在讨论中的这段时期，瑞典的工业生活状况极其困难。当然，在这一时期，商业活动也不会完全瘫痪，因为人们总是指望物价下跌已触及底部。显而易见的是，若提前宣布物价下跌将一直持续至触及某个较低的物价水平，则萧条必将变得更加严重。这种计划事实上必定会导致使一场剧烈的物价下跌在所难免的萧条。因而，一个缓慢而渐进的通货紧缩过程是一件不可能之事——一个共最具说服力的证据就是 1920 年中期以来，当一般性通货紧缩过程事实上已经开始时，世界所遭受的悲惨经历。但不可否认的是，一个曾经历过一段通货膨胀时期的国

家，在特别有利的条件下，将能够使自己适应于其所提供的过于庞大的支付手段数量。据说这正是内战结束之后美国的情况；不过，在随后的几十年间，美国也获得了绵绵不断的移民劳动力和欧洲资本供给，同时还可以自由处置本国未开发的自然资源，现在已可借助这些新掌握的生产力来利用它们。目前，这样的扩张在许多国家显然是难以预期的！

在我提交给布鲁塞尔国际金融会议的第一份备忘录中，我提出了对不可采取任何进一步通货紧缩尝试的警告。我指出，导致通货紧缩的方式必定是：其一，通过实施额外的税收来减少支付手段；其二，通过严厉的信贷限制，特别是借助于高利率。当绝大多数国家在使它们的税收应对当前支出上面临的严重困境时，前一种方法将不能提供多少成功的预期。后一种方法无疑是有效的，但与此同时，却必定会对工业生活和商业企业产生非常令人沮丧的影响。这便是通货紧缩过程的手段，实施通缩主义者计划的实际可能性明显是相当有限的，而且它的彻底实现肯定会很少能令人满意。

至于那时我提交的对通缩主义者政策的分析，我必须请读者参考我的上述第一份备忘录的更多细节。但是，这里我禁不住想回顾一下我在那本册子中提出的通缩主义者计划的某个方面，也就是它对黄金的影响。在第12章“黄金问题”中，我解释了若美国借助通货紧缩过程来提高其通货价值，则欧洲美元汇率的稳定问题将如何变得更加复杂。很明显，美国不实施任何旨在提高美元内在价值的货币政策，将符合所有想稳定它们美元汇率的国家的利益：“由某个国家率先固定其货币的内在价值是可取的，且似乎很自然的是，这个国家就应该是美国。”若世界准备重返金本位制，则阻止黄金再一次升值将符合世界各国的共同利益。

稳定美元内在价值的希望并未得到实现。1920 年，美国实施了一个通货紧缩过程，其最终导致了一般物价水平的剧烈下跌，以及美元购买力的相应上升和黄金购买力的上升。这一过程使其他国家的外汇问题严重复杂化了，它自然引起了全世界的积极关注。现在，事后看来，美国人试图声称物价下跌是自发性的，并无通缩主义者政策——即试图提高美元内在价值的过程——曾得到刻意追求。但这几乎不可能是真的，因为令人满意地解释物价下跌将被证明是极其困难的。一种其内在购买力能在如此短的时间内经历如此剧烈变动的通货，必然是一个我们必须能加以解释的货币本质现象。若人们认为没有通缩主义者政策曾被刻意追求过，则人们必须准备好提出其他会产生这种特殊结果的货币本质的因素。因为这必定会是非常困难的，至少考察美国货币政策在 1920 年 5 月至 1921 年 5 月期间该国发生的严重物价下跌中所起到的作用是最自然的做法。

为了阐明这件事情，有必要回到一年以前。1919 年夏，美国显然还没有多少人准备否认国家意志有意识地朝向降低物价水平。正是在这段时间内，政府反对物价高企和牟取暴利行为的运动达到了顶点。一个分布广泛的组织被成立，用以负责实施这场运动，作为该组织领导者的总检察长帕默先生向由组织委任的所有“公平价格委员会”成员发了一份通讯，当中他声称至关重要的是降低物价，而且全体州政府和联邦政府机构的合作在该目标的实现中得到了最为诚挚的呼吁。8 月 8 日，威尔逊总统召集国会议员开了一场全体大会，目的在于给反对高生活成本和牟取暴利行为的运动提供支持。在那个场合下，总统表达了只要金融和经济体系仍处于战争基础上，和平价格将是不可能的观点。

人们不难得出这场运动的目的是使物价降低到总统所称的和平价格，也就是战前物价水平的印象。当然，由此发起的大力鼓动、为此目的而特别通过的严厉立法，以及旨在降低物价水平的分布广泛的组织，均未能直接带来任何物价的普遍下跌，因为整场运动始于一个关于该问题的错误概念，完全忽视了其本质上的货币特性，故而采取了错误的方法。但该运动至少可能取得了以下成果：它广泛传播了物价必然下跌且战前物价是唯一自然的和适当的物价水平的理念。故此，当后来联邦储备系统成员银行开始采取着眼于通货紧缩的货币措施时，条件已经成熟，因而这些措施非常有效，明显比联邦储备系统管理层所想象的远为有效。

正如我们在前文已看到的，直到临近 1919 年年底，联邦储备银行才发现它们自己处于不再必须优先考虑此前限制它们行动自由的战时公债的位置上，因此它们可以继续提高贴现率。起初，银行贴现率的提高是完全不够的，但在 1920 年它变得如此显著，以至于必然会逐渐产生预期效果。

像许多其他国家一样，美国的银行管理部门根据以下理念开展工作，即任何被发现是必要的限制均应局限于“投机性目的”信贷，而不需要影响所谓的“合理”信贷。实际上，这样的区别是不可能的。旨在降低投机性信贷的严厉措施几乎必然会以上千种不同的方式对一国的整个工业生活产生影响，并使信贷总量降低。更不可能的是，它要对所有的投机性信贷施加一种有效限制，却不由此而迫使物价出现一个普遍下跌。故此，抑制出于投机性目的的信贷授予的计划就其本身而言必须已经包含一个旨在降低物价水平的计划。这一目标构成了联邦储备银行限制性信贷政策的要点似乎只是很自然的；至少该项政策必然已作为政府降低物价水平之积极运动的一个合乎逻辑的延续而出现在公众的脑海中。

在注明日期为1919年10月1日那一期中，《美联储公报》讨论了高生活成本问题，并提到了政府采取的对抗物价上涨的措施。在直接提及这一主题时，该刊论述道："但是，降低生活成本问题主要是恢复美元购买力的问题。"（我冒昧地在这些重要表述上加了着重号，以下两处出自其他段落的引述亦然。）"美元已经因信贷扩张而丧失了购买力，在战争融资所需之下，以一个快于商品生产和储存的速度继续推进。回归健全的经济状况和一个尽可能少地涉及对正常经济关系进一步干扰的状况，将是一种已把国家带到其目前境地的过程的逆转。换句话说，问题的解决之道一定在问题成因中。"确实，该刊认为这可以通过产量增加和经济扩张来实现，并由此引用了委员会主席所作的一处陈述作为支撑。但该表述以"考虑到政府财政，除了通过一个渐进的过程外，不可能限制信贷范围"这一非常典型的论点开始。然而，这只能解释为在未来某个时候当不再有任何出于这种考虑的必要时，信贷数量的减少将是恢复正常状况的一种恰当手段。更重要的是，该刊补充道："生活成本问题在其金融方面为人们所误解，除非它被看作是恢复美元价值的问题。接受由战争条件所导致的美元贬值，并且使美元在未来稳定在这一基础上，将默许由战争造成的通货紧缩及其导致的不公正。"不可否认的是，一个非常明确的通货紧缩计划据此得

到了提议。

委员会自然首先将其关注点放在联邦储备系统成员银行的安全性上——也就是说，放在保持充足的黄金储备以应付它们的负债上。当准备金比率在 1919 年 10 月（7 日）降到 48.3%的低位时，联邦储备系统的年会开始特别注意限制性措施的必要性。它们意识到了一个更高的贴现率的必要性，但同时却急于让人们知道它们不想实施一个不必要的生产限制。不过，其观点是："银行贴现率的部分提高在对不合需要的信贷扩张的任何抑制中似乎都是必要的第一步。"但是，银行贴现率的提高将被证明是无效的，"除非伴随着一场……旨在确保银行对投机性和其他不合意目的的信贷扩张作出更大节制的运动"。毫无疑问，一个限制性的计划由此被提出来，若它得到一贯和有力的实施，则必然会带来物价的下跌。

11 月初开始，联邦储备银行将它们的贴现率普遍提高了 $\frac{1}{2}$%。针对这一点，12 月 1 日刊的《美联储公报》给出了如下评论："进步是微小的，但由于被理解为贴现政策改变的指示，它产生了重要影响。"

在回顾截至 1920 年 6 月底这一财年内联邦储备系统的进展时，（1920 年）7 月刊的《公报》评论道："在此后一段时期，已经可以在联邦储备银行采取的抑制战时公债增长，以及由战争条件下所需的低稳定水平成功转向与商业状况相符的更高基础的努力中看到阶段特征，而且反映了联邦储备系统控制信贷扩张的努力，以及劝导成员银行缩减过剩或非必要预付资金的相应尝试。"在该期中，该刊进一步陈述道，“从1919年11月起，通过在联邦储备银行采取更高的贴现率来控制准备金头寸的努力已经明确作出”；而且“借助于更高贴现率的信贷控制操作已经取得了显著成功”。

确实，这一结果是缓慢产生的。准备金比率继续下降，且在1920年5月达到了42.6%的低位。但以这种方式扭转贴现政策的效果理应不该只是逐渐地为人们所感知。相反，它应该被证明更加强劲。这种延迟效应显然使银行管理部门难以检讨它们限制性信贷政策的效果，且已导致管理部门在实施这项政策上走得比一向被视为适当的更远。在1920年5月17日召开的联邦储备委员会会议上，人们建议“通过联邦储备银行敦促成员银行向借贷者表明削减一般信贷，特别是不必要使用的信贷，以及通过采取更高的贴现率来控制过度借贷以继续抑制资本和投机性目的贷款的明智性”。1920年5月29日，纽约联邦储备银行将其贴现率提高到7%，这“考虑到了对资金的稳定压力，且强调了继续限制再贴现申请的必要性”。

1920年5月17日，美国参议院决定，联邦储备委员会应直接向参议院建议其拟采取或推荐成员银行实施什么步骤，以应对当时的通货和信贷膨胀及由此产生的物价高企；它考虑采取或建议哪些进一步的措施，来调动信贷以达到1920年的水平。在注明日期为1920年5月25日的回复中，委员会称，过去几个月来，人们已经意识到美国的信贷扩张正以一个没有生产和商品消费作保证的速度在继续推进。委员会曾多次告诫联邦储备银行努力引导成员银行避免过度的贷款扩张，并将它们的未偿信贷数额保持在合理的限度内。在上文提到的5月17日会议上，除了其他方面外，委员会主席宣称“不必要的和习以为常的借款应被抑制，而长期存在的非本质的贷款应该继续。但银行也被警告应避免采取严厉的措施，且所采用的方法应是有序的，因为逐步偿还将带来永久性的改善，而过快的通货紧缩将是有害的，所以应该被避免”。

在我看来，这里的通货紧缩计划就像任何地方可以看到的一样明显。当然，尽可能久地保持通货紧缩可逐渐实施且不会妨碍生产性活动的观念的努力已经被采取。但可以说，这是一个附属于通缩主义者政策且无论如何不会对其实际效果产生任何影响的错觉。在 1920 年 6 月的《美联储公报》中，有文章对前一个月作了如下回顾性评述：“过度存储和商品堆积一直是过去几个月里银行信贷需求的一个棘手问题。”从中可以明显地推出，限制政策的目标必定是推动商品在市场上的销售。当然，若未能同时带来剧烈的物价下跌，这将是不可能的。因此，降低一般物价水平必然是联邦储备委员会政策目标的一部分。确实，在物价下跌已经开始之后，委员会多次表达了已经触及底部的信念。但这是错误的。其限制性政策的效果远比委员会所想象的更为深远。在 1920 年 11 月，据称：“彻底重新调整问题现在集中于以与已确立的新的物价水平相一致的银行业为基础的商品和堆积库存的配售。随着旧的堆积库存被处理和新的处在修正后的价格水平的商品步入正轨，一个更正常的情况有望逐渐出现。”该表述同 225(劳工统计局)的价格指数所表示的论及 1920 年 10 月物价水平的内容写在一起。到那时为止，委员会通缩主义者政策本来会引起的物价下跌的大部分尚未发生。1921 年 6 月，该价格指数处在 148 的水平。

事后看来，每当试图为对联邦储备委员会已通过一项深思熟

虑的通缩主义政策来迫使物价下跌的指责作辩护时，在所有令人震惊的后果中，人们尤其指出了发生在信贷限制之前的物价下跌，因而限制性的银行贴现率不可能会造成物价下跌。这一论点绝对是站不住脚的。在类似于此的情形下，银行通货数量的减少必然会被延误的原因是足够自然的，而且在后文将得到更仔细的考虑。这种延误无论如何都不能证明一项限制性的银行政策并非物价下跌的主要原因。通过它们在削减信贷上的积极努力，特别是通过它们的高贴现率，联邦储备银行带来了广泛的有时是突如其来的累积库存的变现，严格削减了各种各样新建工程和改善工程的资本需求，并由此给商业活动施加了一个非常有效的抑制。这类政策一直被证明是降低物价水平最可靠的方法。减少的实际资本创造导致了较少的劳动力需求和工资下降。伴随失业增加和工资下降而来的是购买力的缩小。正如委员会所预料的，在那期间积累的现期储蓄被用来抵消一部分多余的支付手段。通过其信贷限制，委员会使公众相信了它关于通缩主义者计划的严肃意图，而公众也相当一致地限制购买，而且到了人们已在谈及一轮普遍性的购买冲击的程度。直到公众穿破了他们的衣服，他们才不得不出于纯粹的必要性而开始再次购买纺织品和靴子，这将给相应的市场带来某些改善。直到住房膳宿的匮乏变得势不可当，且原材料和劳动力价格大幅下跌之后，建筑施工才开始逐渐表现出更为正常的比重。人们显然仍不愿去影响一些商业领域的购买，因为他们希望或担心出现更进一步的物价下跌。通常的购买冲击，不管在商业企业还是在消费者方面，均很可能被看成是物价下跌的直接原因。但这种购买冲击却是银行管理部门所采取的限制性政策

的一个直接而自然的后果。

自然地，通缩主义者政策在美国引起了强烈的反对，这种反对经常采用难获承认的论点，对此银行管理部门发现为自己辩护相对容易。我尤其考虑到了由农民所提出的批评。从该方面表明联邦储备银行冷漠对待农业，且未能给农民提供开展农事所必需的信贷的尝试已经作出。对此，银行试图证明在一个相对颇大的规模上，恰是农业信贷需求得到了最好的关照。虽然这种指责由此被证明是错误的，但不可否认的是，农业至少是饱受银行管理部门一般性限制政策之苦最严重的产业。这部分应归于以下事实，即由于世界市场的现实条件，农产品价格经历了一个比其他商品价格相对更剧烈的下跌；部分也由于以下事实，即农业工作拥有一个相当长的投资周期，因此一个持续的物价暴跌必然会被证明对农业比对许多其他行业更具破坏性。使事情变得更糟的是，农业在此前一直被鼓励尽最大可能地增加产量。通货紧缩过程给美国农民造成的损失事实上必定是巨大的，农业界所感到的愤怒也就自不待言了。

美国的反对浪潮达到了这样一个程度，以致它体现在了对整个联邦储备系统及其毫无疑问所代表的权力集中化的某种憎恶上。对局外人而言，这看上去必然是多少有点夸张的好斗性的显示。联邦储备系统毋庸置疑地意味着美国银行系统之组织和有效性的一个巨大改进。但即使是一项好的工具也可以被误用，而且是在其结果事实上很容易被看出将非常严重的情况下。没有银行系统的集权化——其正是战争爆发之前通过联邦储备系统的引进得以实现的——美国必定不可能以现在这种非常有效的方式为战争筹措资金。但绝不能忘记的是,这种战争融资只有借助一个极其有害的通货膨胀才有可能实现,而后者在一个集权化较低的银行系统下或许并不能得到实施。后来的通货紧缩过程也可以被看作是集权化银行系统之有效性的一种迹象,但在此情况下,这种有效性明显被证明对国家是灾难性的。因此,一个组织的纯粹的有效性并不是万能的。为了成功地利用这种有效性,一个能满足最严格要求的管理部门是必需的;事实上,组织的有效性越大,对该管理部门的要求越高。在目前的情况下,管理部门无疑表现出了巨大的技能,但它一直面临着诸多具有一种几乎不能完全掌控的特殊性的职责。

在美国,人们总是抱怨联邦储备系统太过密切地依赖于国家的政治管理。毫无疑问,这正是每一个集权化银行体系的最薄弱之处,而且如布鲁塞尔会议明确提出的,对于所有具备一套集权化银行体系的国家来说,使银行管理部门在最大可能的范围内从政治影响中解放出来有着最高的重要性。但目前美国出现的那种反对似乎不可能促进这一目标的实现,或激发任何更大程度的行政效率。

16. 通货紧缩的实际运行和影响

前面两章描述的通缩主义者政策已在其他大多数国家得到实施，并且带来了一个或多或少较广泛的物价下跌。因而，在这种情况下，正如前文处理的战后通货膨胀问题，我们应该坦诚客观地论述国际价格运动。但因此据称存在于大多数国家的物价水平发展的共同趋势，并非由不同通货之间的任何必然联系所导致，而只应归因于在不同国家的货币政策及公众对经济形势和未来前景的观念中得到彰显的某些共同倾向。

为了形成一个关于这些国际性运行原因的正确判断，时常牢记世界已不存在金本位制，各国均拥有自己的特殊本位制尤为重要。只有在美国，这种本位制才是真正意义上的金本位制。在其他所有的国家，它都是本质上拥有一个很不确定价值的纸币本位制。因此，不同国家的通货之间不再有任何固定的关系。但另一方面，也不存在对不同国家价格的任何共同测算。在每个单独的国家，物价由本国的名义计量单位所决定，后者完全独立于其他国家所采用的计量单位。因而，各国均有其自身的特殊物价水平，由此不同物价水平或它们的运动之间不存在直接和必然的关联。经验表明，缺乏在这一点上的清楚认识已成了对价格运动本质的普遍误解，以及拒绝承认追求一项独立的货币政策，并进而拒绝对各独立通货的命运负责的可能性的一个根本原因。

因此，若当今世界通货之间不存在直接关联，则在未来恢复这样的关联的看法似乎充当着它们之间的一个连接环节。在一些国家，人们迫切希望之前的金本位制能得到恢复，这实际上意味着恢复旧的美元汇率；或者至少许多国家正力图阻止其通货相对于美元出现超过之前的更大贬值。因此，当1920年中期美元的内在价值开始被提高时，其他国家认为有必要以同样的比例提高本国通货的内在价值。在处境更好的国家，这些努力促成了一项限制性信贷政策和一般物价水平的随之下跌。关于所谓的国际价格运动之不可抗拒性的极端观念，很可能对国际性的物价下跌起到了相当大的作用。只有1914年之前的物价才能被看作是正常的，因此"回归常规情况"只能意味着恢复1914年的物价水平，也显然对商业界和消费公众产生了一个重要的影响——一个很自然地促进和增强了通缩主义政策在降低物价中的效果的影响。但是，在美国之外的其他国家发生的通货紧缩的主导因素，毫无疑问是美国通缩主义政策所导致的美元内在价值的大幅上升。

然而，每一个单独国家的支付手段供应量向来是最终决定其通货内在价值的因素这点，特别好地体现在与目前正讨论的物价下跌同时，在那些当局并未强大到足以抑制持续的通货膨胀，而是继续为公众提供新的购买力的国家所发生的一个相当可观的物价上涨的事实上。这一事实似乎为物价下跌在其他国家也可能会被阻止提供了充分证据，只要一项足够自由的信贷政策给贸易提供了充足的支付手段。故而，若不同国家的通货紧缩过程之间存在任何关联，它也是心理上的而非实质性的关联。

在对物价严重下跌的一般特征和原因作了这番评论之后，我们便能以更大的信心继续考虑这个不仅有趣，而且实际上很重要的现象的更多细节。

1920 年春，全世界强烈感受到已发生的物价下跌是无根据的，并且与之相伴而来的投机缺乏实体基础。人们都在期待泡沫破裂。因此，爆发一场危机的条件已经成熟，只需在某个地方一发生，它便会广泛传播开来。最早的崩溃发生在服装工业的原材料供应市场。交战国政府在战争期间采取的对这类原材料的控制开始被抛弃，已积存的供应品逐渐被自由投放市场。政府自己也将它们的战争库存付诸变现。这些变化对羊毛市场产生了一个相当大的影响。但危机也影响到了其他的商品。大量皮革和兽皮库存得到积累，成品处理却因高昂的零售价格而被抑制。这个市场上发生了一轮剧烈的物价下跌，其在 3 个月内（从 4 月到 7 月）使美国市场的价格有时下跌了将近一半。大量的丝绸库存，尤其是在远东市场，出于投机得到积累，其结果是到处的消费均被大幅削减。当银行停止预付用作该投机目的的资金且同时对丝绸的需求下降时，投机便遭到了失败。丝绸价格下跌了 50%，日本爆发了一场严重的经济危机。人们很少看到一场比那时日本发生的还要严重的一般物价水平下跌。1920 年 3 月，日本央行的批发价格指数达到了 320 的最大值。该指数在 4 月降低到 300，并在 5 月降至 222。后来确实出现了轻微的回升，但在 12 月，价格指数最终落在了 206（以 1913 年为基数 100 计）。

很自然，这场危机首先应对那些在国际贸易中有着最大利益的国家产生影响。根据《经济学人》杂志，在英国，一般物价水平于

1920 年 3 月达到了 310 的最大值。随即，出现了一个逆向运动，其在临近该年年底时变得越发突出，结果 12 月显示的价格指数为 220。在美国，物价水平于 5 月触及 272 的最高价格指数后，下降到了 12 月的 189。在法国，4 月就已达到 588(《兴业银行统计》)的最大值，并且从该数值下降到了 12 月的 436。甚至连德国——尽管它的纸币流通量稳定增长——也不得不受物价下跌的影响。由《法兰克福报》编制的价格指数，在 1920 年 4 月达到了 1714 的最大值，并在同年 5 月下降至 1473。至于瑞典，在 6 月达到最大值 366。但是，在 10 月之前并未发生值得注意的物价下跌。在 12 月，价格指数已达到了 299(《瑞典贸易杂志》)。在挪威，最大值直到稍晚的月份——也就是 9 月——才达到，为 425(《经济学杂志》，1914 年 1—6 月的价格以 100 表示)。随后，价格指数下降至 12 月的 377。丹麦的情况与此相类似。最大值在 10 月达到，为 403，并且到 12 月价格指数已下降到了 341(《金融时报》，1912 年 7 月—1914 年 6 月的价格以 100 表示)。在荷兰，价格指数从 7 月 296 的最大值开始下降，到 12 月降至 233(根据中央局日期不一的统计资料)。

1920 年 12 月，《美联储公报》表达了以下观点，即一个转折点现在必须被认为已经达到。该刊写道："伴随着生产严重下降、大量失业和通常涉及银行倒闭的商业反应而来的尤为剧烈的物价下跌，一直是前些年再调整措施的突出特点。"《公报》认为，目前的过渡时期至少已导致了这样一种症状，且尽管该过程尚未完成，困难不可能会变本加厉。毕竟，1920 年年底必须被视为"由战争导致的状况向国际工业生活之正常经济基础的过渡过程中一个很明确的转折点”。在其他许多地方，人们也很可能接受一个类似的观点。事实上，只要整个过程被看成是继一个普通的过度投机阶段而来的一场不可避免的危机，这种观点便是再自然不过的。我们断不可不适当地给出刚刚所引的这种陈述，而且我们可能有很好的理由来提醒自己，在 1920 年年底凸显的极其复杂的情况下，获得一个关于究竟发生了什么的清晰看法有多么困难。但是，这里并不打算批判揭露已经犯下的判断失误，而在于指出导致这种判断失误的原因。而这是相当明显的。联邦储备委员会完全忽略了在这整个极其复杂的过程中本身就是主要驱动力的一个因素——委员会自己的通缩主义者政策，或者我们毋宁说，委员会所追求的本质上必然意味着通货紧缩的限制性银行政策。我清楚地意识到了委员会及其支持者均否认一个刻意为之的通货紧缩已得到推进，但不可否认的是，从 1920 年春到 1921 年春期间，美元内在价值发生了一个相当可观的上升。迄今为止，不可否认物价下跌是一种货币现象，而且这一点不仅在美国，也在大多数其他国家，为中央银行管理层所忽视。正如在通货膨胀时期，世界各国央行绝不会公开承认货币的一个内在贬值已经发生，在通货紧缩期时期，它们也从不愿完全承认——至少在通货紧缩的不良影响开始显现之后——通货紧缩是一种货币现象，并且牵涉到货币单位新的变化。基于这样的观点，当通货紧缩过程实际上正在经历的时候，错误地判断形势是不可避免的。但是，从实际的观点来看，这虽不能说是灾难性的，也是非常严重的，因为它导致美国的央行管理层继续维持他们的限制性银行政策，即使后者已无助于任何合理的目的，且只会鼓励一个全然无目的的美元内在价值的进一步上升。

其他不愿目睹它们的通货相对于美元出现进一步贬值的国家，除了追求相同的通缩主义者政策外别无选择。因此在通货相对于美元的价值上，它们并未取得任何明显的改善，至少在第一年——也就是1920年春到1921年春间——是这样的。由于美元的价值决定了黄金的价值，黄金价值在这一时期与美元价值成比例地上升，因而尽管出现通货紧缩，其他通货在那个期间并未比之前更接近于恢复它们的黄金平价，事实上恰恰相反。由于通货紧缩甚至影响了最佳通货，因此其成了推升不同通货内在价值的一种竞赛——一种无论如何缺乏任何合理目标的竞赛。

1920年前6个月，英国的物价水平（根据《经济学人》杂志统计）处于300的平均值上，美国的物价水平则处于259的水平。根据4.86 $\frac{2}{3}$美元兑1英镑的战前平价计算，我们发现上文引用的数据平均而言给出了所述时期一个4.20美元（以整数计）兑1英镑的购买力平价。1921年5月，美国的通货紧缩触及了实际上在该年剩余时间里一直保持的取值点。5月的价格指数为151，而相应的英国价格指数为182。这些数据给出了4.04美元兑1英镑的购买力平价。因此，在这一年中，尽管英国出现了严重的通货紧缩，英镑相对于美元的价值并未出现下跌。直到美国的通货紧缩已经停止，其他国家才得以通过更进一步地推行它们的通货紧缩取得本国通货对美元的相对改善。因此，英国的物价水平从1921年5月的182降到了同年12月的162，而美国的物价水平仅由5月的151下降到12月的149。瑞典的情况也一样。当瑞典的物价水平（在1920年6月）达到366的最大值时，美国的物价水平处

于269,因而美元的购买力平价为5.08克朗。1921年5月,瑞典的物价水平处于218,但到12月已下降至172。前一个值对应于5.40克朗(以整数计)兑1美元的购买力平价,后一个值对应于4.31克朗兑1美元的购买力平价。故此,截至1921年5月的这段时期牵涉到瑞典克朗相对于美元的一个显著贬值,这同样未考虑瑞典正在发生的相当可观的通货紧缩;但是从5月到该年年底,借助于持续的通货紧缩,瑞典汇率显示出相对于美元汇率的明显改善,其在当时或多或少是较平稳的。

在美国所追求的限制性信贷政策中,争取最大限度地巩固银行的地位始终是一个决定性的目标。主要目标是将银行从各种投机活动中解放出来,并使它们恢复最大可能的流动性程度。但是,物价的稳步下跌导致许多银行信贷如所说的那样变成了“冻结的”。那些信贷对其购买或生产一直保持开放的商品的价值,已下跌到借入资本的价值之下,因而信贷只能以多少有点大的损失得到偿还,最终其降至贷款银行难以弥补的水平。只要通货紧缩过程继续下去,新的“冻结信贷”便会以这种方式不断被创造出来,且保持银行安全性和流动性的努力似乎曾要求延续这一限制政策。

美国的物价下跌对那些作为美国出口商品购买者的国家的经济状况产生了一个类似的影响。等到出口商品抵达(比方说)南美港口,价格已下跌得如此之低,以至于购买者认为不可能在不使自己由此遭受严重损失的情况下以合约价格来接受这些商品。因而,购买者拒绝接受他们已经购买的商品,这些堆积在港口的商品有待采取某种处置方法,很可能必须接受一个严重的削价。这些情况因不同购买国自身的主要产品不再能获得一个令人满意的美国市场而加剧了。诸如食糖、橡胶、兽皮和其他原材料等商品在美国只能找到一个滞销市场，因为这些商品的堆积连同工业萧条一道，导致了剧烈的物价下跌，甚或彻底毁坏了市场。由于这个缘故，讨论中的国家的支付能力事实上很快就消耗殆尽。1920 年秋，延期偿付，或至少是一种几乎相当于延期偿付的事态，出现在古巴和一些南美洲国家。这造成相关国家的通货在国际市场上出现了进一步的贬值（《美联储公报》，1920 年 12 月，1921 年 1 月）。最终，由此深受影响的一些通货变得毫无销路，也就停止提供它们的报价了。

一国必须购买以便能销售这句众所周知的经济学名言的实质很少得到更清楚的论证。当美国停止购买拥有原材料的国家的产品时，美国便不再能向这些国家出口商品。一种类似的状态事实上非常严重地影响了美国同外界的一般关系。战后，它们处于本国进口远不足以偿付出口的位置。适当的海外资本投资不足以填补贸易差额。近几年来，很大一部分出口实际上显然并未得到偿付，现在只能通过总共达几十亿美元的流动债务来平衡，其中一个相当大的比例必须被看作是完全的损失。战后美国试图推进的强有力的保护主义政策，无疑只会使情况更糟，特别是通过压低美国对那些把它们向美国的产品出口当作贸易业务的国家的汇率，但与此同时，美国出口商品的主要购买者将对美国外贸的自然扩张造成一个持续的障碍。

故而，美国的物价下跌实际上并未对出口有益。这里，世界已有一个从中应能学到如何纠正很常见的错觉的例子。在通货紧缩

时期，每一个国家都在提倡降低物价水平和更廉价地生产是两个基本条件的信条，若一国想保持其世界市场份额的话。这种观念毫无疑问是加速通货紧缩过程最有力的因素之一。我们知道该观念是错误的。一国一般物价水平的下跌必定会产生使该国通货的国际估值出现一个相应程度的上升，以便该国出口产品的外国购买者的处境总体上保持不变的效果。为了能使世界贸易繁荣兴旺，需要的是稳定性、每一个单独国家固定的物价水平以及不同国家之间坚挺的汇率。1920年春以来不断持续的通货紧缩过程，根本没能提供有望满足这些需要的任何有利机会。

人们定能料到的物价水平持续下跌对商业活动施加的令人沮丧的影响，确实使人感受深刻。经销商在预期价格达到它们的底部水平时会最大程度地节制活动，消费者在预期能以更低廉的价格买到商品时同样会尽可能地推迟他们的购买行为。其结果便是导致出现令人震惊的失业规模。事实上，在美国和欧洲，失业显然都被认为具有比以往任何时候远为严重的规模。各国不仅因为其自身的通缩主义者政策，而且因为其他国家的通缩主义者政策而深受其害。由于通缩主义者政策自然在很大程度上使诸如建造和建筑目的所需的生产形式等陷入瘫痪，特别是恰好在很大程度上立足于为其他国家供应用作这些目的的原材料的瑞典，受这些国家通缩主义者政策所导致的萧条的影响最为深重。

17. 延迟的流通量削减

在各国，有种观点一直认为，后来发生的支付手段数量的减少远没有物价下跌明显，因此把物价下跌描述成通货紧缩过程的一个结果是不正确的。有必要更仔细地考察该问题，首先是找出统计资料告诉了我们哪些关于这一延迟的支付手段供给削减的信息。

对于瑞典，我们首先可以确定下列事实，即直到1920年年底，纸币流通量和物价水平之间都存在一个非常紧密的一致性。1920年第四季度，批发价格指数(《瑞典贸易杂志》)显示平均值为325，社会委员会未加权的食品价格指数的平均值为323，而我关于瑞典央行纸币流通量的指数则处在322。因此我们发现，实际上来说，这些数据表现出完全的一致性。但是，1921年瑞典发生的剧烈的物价下跌，并未继之以纸币流通量的一个相应减少。1921年12月，《瑞典贸易杂志》的价格指数为172，社会委员会的上述指数显示数值为203，而我关于纸币流通量的统计指数仍处在258.3的高位。社会委员会表示生活成本的一般指数到该年年底时处于216。至于工资水平，并无可靠的数据可以获得。它可能依旧如此之高，以至于在某种程度上可证明较高的纸币流通量数据是合理的。不同的价格指数值显示出明显缺乏一致性，且显然与任何经济均衡不相符。因此，不可能在任何确定的程度上判定对应于实际物价水平的纸币流通量。但很明显的是,在这种情况下,纸币流通量的减少已经发生一个相当可观的延迟,且人们可能会合理地预期它将同剧烈的物价下跌一起发生。

出于上文解释的原因,一般而言,与战前的流通量相比,不可能以和瑞典相同的精确度来确定其他国家目前流通中的纸币总量。但是,若我们放弃进一步回到 1920 年以前的想法,我们在其他国家或许也能找到表明 1921 年总流通量进展的相当可靠的数据。英国总流通量(包括英格兰银行纸币和流通券)的平均数在 1920 年 12 月合计为 4.7297 亿英镑。在 1921 年 12 月,相应的数值为 4.2728 亿英镑。因此,一个相当大的下降已经发生。但我们发现,相对而言它远低于物价水平的下降,后者在同一时间不断持续,并通过 1920 年 12 月和 1921 年 12 月分别为 220 和 162 的价格指数得以反映(《经济学人》价格指数,1913 = 100)。

我们在美国观察到了一个类似的状况。根据财政部和联邦储备系统的数据,在相应日期,以全部人口的人均值计的总流通量如表 17 - 1 所示:

表 17 - 1

年份	日期	美元流通量指数	价格指数
1920	1 月 1 日	49.81	248
	7 月 1 日	50.19	262
1921	1 月 1 日	51.29	177
	5 月 1 日	46.57	151
	7 月 1 日	45.02	148
	10 月 1 日	42.98	150
	11 月 1 日	42.41	149

出于比较，劳工统计局相应月份的价格指数被记在表中流通量指数的右栏。从1920年7月到1921年5月，价格下降显示超过了40%，通货的减少却几乎未超过6%。但是，1921年5月之后，流通量大幅减少，物价水平却依然相当稳定。我们可从中明显地推断出，鉴于理应伴随物价下跌而来的流通量的减少被延迟了，一个朝流通量和物价水平之间更正常的关系的调整现已得到采纳。

在这一点上人们应注意到，在通货膨胀时期，流通量并未以和批发价格指数相同的速度上升，因此不该指望它会以一个类似的幅度下降。总体而言，美国零售价格和工资的上涨似乎从未达到与批发价格相同的高位，而这可能解释了为何流通中的支付手段数量也未达到批发价格指数所对应的那一点。

同样，在其他国家，通货紧缩时期的流通量毫无疑问比批发价格下降得更加缓慢。

因此，在始于1920年且后来普遍盛行的物价持续下跌时期，社会支付手段供给的减少比物价水平的下跌更为持久，这似乎是一个不可否认的事实。这种情况需要特别注意，而且解释导致物价水平和支付手段需求之间的明显分歧对我们来说颇显重要。相对于物价水平，通货紧缩时期的支付手段需求经历了一个迅猛的上升，并且至少以一般概要的形式，必定可以举出这种上升的原因。

因而，我们必须首先查明支付手段需求的增加是否在各种支付手段的情况下都是相同的。就瑞典而言，我已经对1921年前5个月作了这样的一个调查研究（斯堪的纳维亚皇家信贷公司第二季度报告)。

在这一调查研究中,我试图确定,前文所说的需求增加是否如预期的那样并未特别地影响这些支付手段,以证明在现行条件下它们特别适用于被公众作为备用储蓄囤积起来。我得出了以下结论:小面额纸币——即 5 克朗或 10 克朗纸币——不太适合用作囤积目的,因而自然主要被用来支付日常费用。那些 1000 克朗的最大面额的纸币却没有这样的问题,因为持有这些纸币的人们大部分情况下都有一个银行账户,故而不太可能持有不为直接开支所需的纸币数量。资金也不可能以一个远大于使未来支付有保证的规模保存在支票账户上。因此,支付手段囤积最有可能局限于中等面额的纸币,也就是 100 克朗和 50 克朗纸币上。

如今,在 1921 年头 3 个月,较之前一年的相应月份,100 克朗和 50 克朗纸币出现了一个增加,而所有其他的支付手段、纸币和支票账户资金却出现了一个减少。从中可得出的结论是很明显的。留作实际支出的支付手段数量已经减少,因而这也可以被认为是那些用于该目的的 100 克朗和 50 克朗纸币所发生的情形。但与此同时,一笔相当可观的这类纸币数量——比如约 5000 万克朗——已经被囤积。若我们能单独分离出这部分流通量,我们应该会发现,剩下的实际流通量将会如支票账户资金一样极其密切地追随零售价格的下跌趋势。但是,批发价格的下跌要远为剧烈。

关于纸币流通量的类似情况有可能——甚至很有可能——在其他国家盛行,事实上,仔细研究这些情况具有很大的意义。由于在通货紧缩时期一开始金币即从流通中消失了,我们应能算出通货紧缩时期不同支付手段数量所经历的减少的令人满意的统计数据。

但很明显的是，支付手段供给的延迟减少也应归于影响各种支付手段的更一般的原因。物价下跌越剧烈，支付手段供给的减少简直不能以同样的速度进行就变得越明显。关于这一点的解释唾手可得。一项限制性信贷政策会对价格，当然，特别是批发价格产生直接的影响。即便只是宣布将采取这类限制，且主要金融管理部门将尽它们的最大努力来实现一个更低的物价水平，也完全足以阻止可能的购买者并诱使销售者不断报价；结果，那些可能通过谈判实现的交易将达成更低的价格。在这些交易产生一个实际交货之前可能已过了好几个月，而且可能需要更长的时间这些货款的账单才能付现。因此，物价下跌——特别是在批发贸易中——尤其是当它很剧烈时，远在支付手段数量的减少实际上已得到处理之前发生是很自然的。但是，国家支付手段供给的削减才是物价下跌的真正原因。

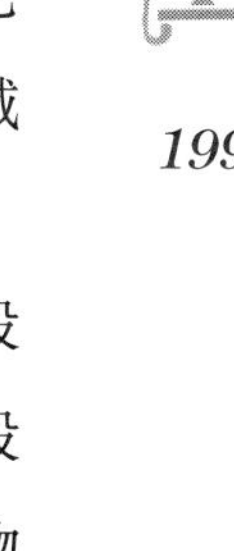

可以确定，在最近的物价下跌中得到处理的延迟的支付手段数量削减，只是类似于由通货膨胀导致的物价上涨可在支付手段数量已出现增加之前发生的情形。在1920年触及最高点之后，物价下跌比之前的上涨剧烈得多，因此几乎无需对支付手段数量和物价水平之间是否应出现一个相当明显的不一致感到惊讶。但是，刚提及的情形本身几乎不足以充分解释整个1921年物价水平和支付手段供给削减之间存在的显著差异。

在分析通货紧缩期间的支付手段供给时，我们必须意识到严重的物价下跌本身使旧信贷不可能在正常情况下获得清偿，相反，它们或多或少仍将是“冻结的”信贷。直到这些信贷通过股票或其他资产的变现得到偿付，或者直到它们因不可能追回而被注销，它们才会从银行的会计记录中消失。在这一过程中，新资金的预付必须像往常那样进行，即使是在逐渐减少的规模上。但统计报表中显示的在这一清偿时期的任何给定阶段预付的关于信贷总额的任何数据，都将给出一个关于当前商业交易实际所需的支付手段数量的夸张看法。

但即使是特有的支付手段需求，在这种条件下也是不正常的。商业企业不能确定地指望它们的债权到期时会获得偿付，且正如通货紧缩后期极其不愉快的经历所充分证明的，它们必须面对订单被取消、已售商品不被运走，甚或在抵达订单要求发送地时不被接受等后果出现的可能性。因此，许多相关方不得不在手头或者在支票账户里持有超出正常条件下所需的现金或资金。不确定自己能否续借贷款的企业和私人，不会分期偿还他们的贷款，而是会保留正常情况下用于这些目的所需的资金。处于这种位置的人们可能会允许支票账户里存有数额庞大的资金，甚至以支票形式持有它们，故而这些资金将代表支付手段需求的异常增加。

这一分析颇显重要，不仅因为它阐释了通货紧缩期间实际上发生了什么，而且因为它使处理关于通缩主义者过程之性质的错误观念成为可能。事实上，已获相当广泛认可的观点是，1920年中期以来发生的物价下跌并非通货紧缩的特征——也就是说，并非一项限制性信贷政策的结果。这种观点通常是基于支付手段供给的削减发生在物价下跌之后的事实。从刚刚所述的来看，该论点显然是完全不够的。银行可以很容易地采取一项限制性信贷政策，而不会由此导致它们信贷总额的任何直接减少。若银行在填补旧信贷中表现出明智的适度，且若预期的信贷总额减少因此而被推迟，则这绝不能作为未对信贷授予施加任何限制的证据而被接受。限制实际上可能是非常有效的，并且可能特别有助于造成相当可观的物价下跌，后者尚未在显示已授信贷总额的统计数据的下降中得到反映。

仍拒绝承认物价水平变动的主要原因必源于货币本质的那些人，通常尤为强调物价水平和支付手段数量发生变化的时间顺序，且特别试图利用正讨论中的时期延迟的流通量削减来作为反对把这种物价下跌解释为通货紧缩过程之结果的理论的一个论据。很明显，这些批评者持有一种关于通货膨胀或通货紧缩过程潜在原因组合的过于机械式的概念。一般物价水平变动的原因不能在商业经营用到的支付手段总量的变动中直接找到。这个总量几乎不可能直接受银行政策的影响。以货币形式表示的购买力的减少是通货紧缩中的活跃因素，正如这种购买力的增加是通货膨胀中的活跃因素一样。如我们已看到的，购买力的规模在很大程度上可以由国家金融政策所决定。但就购买力供给取决于支配银行信贷的条件而言，这些条件实际上影响利用信贷意愿的方式将对购买力，并进而对物价水平产生一个相当大的影响。故此，一般物价水平变动的主要原因就其本质而言在某种程度上始终是心理上的。

此外，在这一点上必须指出的是，否认物价下跌是通货紧缩过程的一个后果的任何人，并未因此而摆脱为正讨论中的时期所表现出的物价水平和支付手段数量之间的不一致寻找一个解释的必要性。而且，若他打算认真去尝试解决该问题，他或许也终将会认可本质上具有一个类似于这里给出的特征的解释理由。此外，不承认限制性信贷政策是 1920—1921 年发生的物价大幅下跌之真正原因的那些人，无疑仍会提出一些针对这一现象的其他解释。因而，他们能够依赖的最常用的因果性解释也许是可得商品数量的增加。事实上，人们总是不得不求助于这种解释。但是，由于直到 1920 年年底，支付手段供给据称总的来说几乎同物价水平相一致，而且因为必须被视为相对于物价水平的支付手段过剩的现象直到 1921 年前并未成为一个问题，我们必须假设商品供给在 1921 年大于 1920 年。

这当然不是实际情况。失业在 1921 年远比 1920 年更为广泛是一个众所周知的事实。1921 年，许多船舶被搁置不用，出口统计显示整体而言运往海外的商品数量出现了急剧下降。反映外贸数量的可得统计指数也显示了最明确的商品总量缩减。特别值得一提的是，美国在 1921 年的农作物产量大大小于 1920 年的产量。减产幅度分别为：玉米 10%，干草 13%，土豆 20%，苹果 54%，烟草 34%，以及棉花 50%（巴克莱银行《每月评论》，伦敦，1921 年 12 月）。因而，很明显的事实是，商品数量的增加不能被当作过度沉重的支付手段需求的一个解释。相反，1921 年商品数量的减少毫无疑问是一个必然会使该年的支付手段供给显得更不正常的因素。

当涉及解释那些必须被视作相对于物价水平的支付手段过剩的现象的问题时，人们经常满足于仅参照支付手段“下降的流通速率”。这种参照就其本身而言几乎毫无意义。必须清楚地显示，支付手段在哪些方面被较少使用，这些变化的原因也必须得到充分解释。这样的分析尝试将会表明，正是具备一种这里所暗示的性质的条件，在所谓的“变小的支付手段流通速率”中起着一个决定性的作用；因此，支付手段需求出现这种变动的主要原因事实上可以在非常剧烈的物价下跌中找到，因此信贷规模与支付手段数量尚未能以和物价已下跌的相同规模减小，或者由于实际上因物价下跌而引发的关键干扰甚至丝毫未被减少。

在结束关于延迟的支付手段减少的这些观察之前，我们也许有理由指出对讨论中的现象可能会，且在某些情况下必定会产生相当大的影响的另一个因素。这里我已考虑到了前面第 5 章（第 36 页）所提到的对外通货输出。投资于国外的资金明显不能充当国内业务的支付手段，但从最近的观点来看，却可以被认为是囤积资本。似乎毫无疑问的是，这种投资到国外的支付手段的增加发生在 1921 年，因此至少在某些通货的情况下，以该国本币为形式存在的支付手段数量，实际上大大低于帮助我们获得理解的统计数据。这不仅适用于拥有一个不健全通货的国家所使用的良币——部分用作支付手段，部分用作财富保持手段；而且适用于这些国家作为临时性支付手段和投机性外汇买家向外国担保的劣币。由此，像德国这样的国家可能会有数十亿马克纸币留在国外，而其本身在很大程度上却不得不求助于（比方说）荷兰和瑞士的流通券。很显然，通过这种方式，全世界的支付手段需求总量必定会上升至正常水平以上。只要对支付手段的这种使用继续得到扩展，就不能指望一国支付手段供给的统计数据会以和物价水平相同的速度下降。

18. 稳定问题

若我们从世界经济的视角来看待前一章所描述的通货紧缩过程的话，则它是多么全无方向将立即变得很明显。构成国际贸易基础的货币单位出现升值并不是毫不重要的。一套对促进世界贸易和一般福利具有重要意义的货币体系需要的唯一特质便是稳定性。如果战争及其造成的一切使世界货币体系陷入了混乱，则没有任何理由试图去恢复战前所盛行的货币状况。它们本身并无任何本质特征。本质特征是那时所取得的高度稳定性，我们现在应努力恢复的正是这种稳定性。事实上，这是目前我们在我们的外汇政策中能为自己设定的唯一可行且明智的目标。

我清楚地意识到许多人持有一种关于目前问题的不同观点；那些因币值下跌而损失他们部分财富的战前债权人需要正义。但是，若我们确实想去处理目前情况下的正义问题，我们显然必须从一个本质上更宽泛的视角来看待该问题。很显然，给那些在最严重的通货膨胀时期成为债权人的人更多的实际债权是不公平的。特别是在最近几年，由于国家债务比重被认为比战前存在的大了许多倍，这种观点产生了一个非常重要的作用。因此，不可能通过使货币单位价值恢复其战前水平来分配正义。考虑到世界已经发生的经济动荡，正义根本不可能被分配，但我们或许可以选择新的货币价值。这里我们面临着一个异乎寻常的关于人类从未能真正弥补自己所犯罪恶的悲剧情形。一旦我们开始承认这点,我们就有更加正当的理由在今后认真对待这个惨痛的教训。除此之外,若我们能减轻一些已造成的明显痛苦,则无疑是我们现在所能作出的最大改善。那些认为自己有能力通过提高币值来分配正义的人,必须进一步考虑到通缩主义者过程造成的空前损失很容易使许多债权变得毫无价值,因而债权人只能从其债权所依赖的货币单位价值的改善中获得极少的满足。关于正义,如果有任何需要提到的地方,那就是也应该给予所有兢兢业业的商人和其他正遭受着通货紧缩过程毁坏的债务人,以及大量在这一过程中成为无辜受害者的失业者一些考虑。

据此,我认为在讨论新货币单位最合适的价值水平时,最明智的做法将是忽略正义的观点,并坚持纯粹的经济学观点。因而,如在所有的经济学领域,这是一个将我们的目光投向未来的问题。事实上,我们必须问自己以下问题:我们如何尽早使世界经济生活恢复能阻止世界形势继续恶化的那些条件?只要这一问题会影响货币价值,除了以下答案外不可能有其他答案:我们必须尽快且以尽可能小的摩擦,不仅恢复不同通货内在价值的稳定性,而且恢复它们国际汇率的稳定性。相对而言,把币值定在什么水平是一个次要问题。

正如所预料的,通货紧缩过程被证明是极其有害的。当前盛行于整个世界的普遍萧条,在很大程度上是这种通货紧缩过程的一个结果。令人遗憾的是,永远无法确定在多大程度上通货紧缩或许应对这种萧条负责。自 1918 年 12 月停战以来便得到实施的，而且是真正的和平从未实现之原因的疯狂的军国主义政策，就其本身而言完全足以摧毁世界经济生活，并给世界上的所有国家带来毁灭和失业。但单是通缩主义者政策就足以产生同样的效果。由于这两个错误共同起作用，其结果是一场没有一个促成因素得到明确解释，且其中任何一个都能或多或少地将其他支配因素指为普遍混乱之原因的大灾难。通货紧缩过程的一个特别有害的结果，是公共债务负担变得比社会所能承受的还要重。当这些债务呈现出绝对不切实际的比重时，企图采取一项倾向于使数据计算单位变得更大的措施必然是极其危险的。但这正是借助通货紧缩所采取的做法。到 1920 年负债已变得如此沉重，以致已经达到它们财政承受能力极限的部分国家，很可能通过那时以来便不断持续的通货紧缩过程，沦落到了一种实际破产的状态。而且，即使在那些并未出现这种情形的地区，与日俱增的公共债务负担已严重危及工业生活的繁荣，且从长远来看，甚至严重危及国家的整个经济生活。

人们可能会问，是什么使不同国家采取了这样一种不明智的行动？上文所述的公平对待由来已久的债权人的愿望几乎不是一个决定性因素。在那些一直追求通缩主义者政策的欧洲国家，如前面已指出的，其目的是恢复金本位制。纸币代表着一种以黄金支付的承诺，且该承诺应在某个时间得到履行这一形式上合法的观点，已被证明是一个非常强大的动机。关于目前状况是一种反常情况及有必要恢复战前状态的不安感，也在决定这项政策中起到了一个非常重要的作用。人们通常似乎极少考虑与实现所设定的恢复目标是否在可能的范围之内，或者哪些措施可能最有助于他们的目标有关的问题。在只要等待足够长的时间，他们就能解决所有困难这一观念之下，他们推迟了更仔细地去考察这些问题的时间。恢复人们所说的常规情况可通过一个渐进的通货紧缩实现的信念事实上非常普遍。即使一年的经历，便足以表明这样一个渐进的通货紧缩过程简直是不可能的。一旦通缩主义者计划被制订，且我们在银行政策中所掌握的贯彻它的方法已经付诸实施，剧烈的物价下跌将是不可避免的结果。即便后来物价下跌可借助于贴现政策的减缓得到抑制，但是在对通货的信心再次恢复之前——也就是说，直至工业获得所有抑制物价水平的企图将被中断的保证前，萧条永远不可能得到彻底缓解。

然而，在那些汇率低于旧的金平价的国家，至少可能存在某种竭力提高本国通货价值的观念，类似的努力就一个其汇率已经和黄金保持平价的国家而言，必然是毫无意义的。美国的通缩主义者政策几乎不能说有助于任何明智的目的。在现行条件下，提高美元价值只会导致黄金价值出现相应的上升。这种上升对美国不可能有任何好处，但是如前一章已表明的，对其他力图提高它们通货相对于黄金的价值的国家，黄金价值的上升仅仅意味着它们的所有努力和牺牲都将徒劳无功。总之，全世界面临的是一个从未稍许接近于所有事情中最重要之事的结果——通货内在价值和它们之间的汇率的稳定。

理所当然的是，世界汇兑条件的稳定必须从最优通货的稳定开始。若拥有最优通货的国家也参与其中，则各国之间在提高其通货内在价值上的竞赛必被证明是完全无效的。最重要的必然还是保持稳定。就现在的情况来看，美国的货币单位应具备固定价值是一个符合最高国际利益的问题。即便回归金本位制的普遍愿望可能被忽视,美元无论如何也将在世界支付体系中占据主导地位。其他国家欠着美国规模庞大的债务和债务利息。美国有权通过提高美元购买力来任意增加这些债务负担的实际压力,这几乎不能被看成是一个令人满意的安排。而且,鉴于目前美国在世界贸易中所发挥的作用,尽可能保持美元价值的稳定无疑是极其重要的。必须进一步注意到,美元内在价值的稳定涉及黄金本身价值的稳定,由此获得了对世界其他国家在恢复金本位制上的整个努力而言相当大的重要性。

幸运的是,世界其他国家在美元稳定上所感受到的利益并未与美国自身的利益相对立。不管是为了其国内经济生活的利益,还是出于其外贸方面的利益,美国都必须努力尽快实现稳定的货币状况。自 1921 年 5 月以来,美国的通货紧缩过程几乎已经停止,且批发价格水平(根据劳工统计局)显示出围绕 150 这一数值呈非常轻微波动的显著稳定性。但是,并不存在物价上涨可能即将来临的迹象。联邦储备系统的黄金准备金率一直在稳步增长,且在 1922 年年初(1 月 15 日)达到了似乎相当不必要的 77.2%的高位。如此高的黄金准备金率很可能会导致银行将它们的黄金储备用作大量增加其银行通货的基础。事实上,它们已经实施了一项极其宽松的信贷政策。因而,只需要外部条件成熟,特别是政治方面的条件,便可转向某种程度上可能被视为对迈向一个新的自由化进步时代,从而对带来物价上涨颇为有利的一面。这样的物价上涨被保持在狭窄的范围内是颇为可取的。一项将通货稳定作为其目标的健全的银行政策的责任,必然是防止物价水平出现任何变动。首先,必须对企图利用现有的可能性来谋取国家财政利益给出一个警告,即借助通货膨胀创造资金——这种融资方式似乎已出现在当时的议事日程上——来填补支出的诱惑必须被抵制。然而,10%—15%的物价上涨本身几乎是毫无风险的,倘若它连同美国产出总量的大幅改善和对未来工业信心的恢复一起发生。美元价值的这种轻微下跌显然将被证明是一个明确的优势,因为它将使更健全的欧洲通货能立即恢复它们对美元的旧平价,由此为金本位制更普遍的恢复奠定基础。

使世界汇兑条件恢复稳定必然是一个渐进的过程。一条很自然的途径是从通过恢复英镑和美元之间的旧平价,以及在今后维持这一平价来创造我所称的"稳定性中心"开始。这样的渐进性步骤在恢复世界经济信心中所具有的重大意义必定是很明显的。我们本应为旨在稳定其他通货的持续努力获取一个牢固的起点,而且这种努力应立即指向使它们同给定的稳定性中心相互关联。此外,维持英镑和美元之间固定的价值比例显然会带来某种稳定——不仅是这些通货之内在价值,而且是黄金本身之价值的稳定。事实上,各种通货的购买力在它们之间相互独立时,显然比它们受限于不变地保持一个特定的平价时波动更大。

如反对观点所示,英镑和美元之间的汇率稳定不能通过任何外部措施产生,且经验已证明了所有这些尝试的无效性,这里有必要强调以下事实,即我所指的稳定完全不同于战争期间和停战之后几个月内实现的稳定。通过美国政府对无限制信贷的制裁,美元和其他协约国通货之间的稳定汇率成功地得到维持——学术上称之为"钉住汇率"。这项政策于1919年春,当各国在商业基础上作出共同声明成为一个问题时不得不被放弃，从那以后汇率必然客观地取决于经济因素已是不证自明，这当然是完全正确的。任何旨在维持一个本质上偏离于购买力平价的汇率的尝试，从长远来看都将被证明是一种徒劳的努力，且必然总是牵涉到对经济发展自然趋势的危险而令人不安的干扰。若我们把自己的任务放在使通货的内在购买力平价适应于所希望维持的汇率，而且若我们为此适当调整了每种单独通货的内在购买力的话，则问题将呈现出完全不同的一面。这样的调整总是可以通过一项合适的银行政策实现，而且本质上必然能够实现，倘若要实现任何国际汇兑的稳定性的话。战争前夕，英镑和美元之间的汇率存在一个非常明显的稳定性，每种通货在国内都有一个明确固定的购买力。若要恢复旧汇率，我们必须恢复两种通货的内在购买力之间的关系。确切来讲，这个购买力显然要比之前更低，倘若它在两国中的任何一国均降低到一个相似的程度。举例来说，若英国和美国的物价水平现在能稳定在 165 的值上，则英镑和美元之间的旧汇率便能得到恢复和维持。当然，这对于其他任何常见的物价水平而言也是如此。但是，选择双方能最容易和最迅速达到的物价水平当然是最方便的。最重要的是尽快恢复稳定性。在略高于还是略低于两国通货的购买力上实现这一点无关紧要。

但是，当人们认为黄金价值的稳定将由此得到保证时，创造一个像这里所提出的稳定性中心，显示出了一个特别重要的方面。为了使世界能恢复金本位制，或者更确切地说，为了使世界能从这样做中获得一些益处，稳定黄金相对于商品和服务的购买力至关重要。由于过去几年我们已目睹的黄金价值的这种前所未有的波动，恢复金本位制几乎是不太可行的；而且即使可行，也是非常危险的。黄金价值近来一直只取决于美元价值。若它现在开始应取决于美元和英镑的价值，则必须立即确保一个本质上更高的稳定性程度。

但是，维持几乎固定的黄金价值是一个具有非常广泛意义的问题。确实，如其他所有商品的价值一样，黄金的价值由供给和需求决定。但据此推断我们不能对黄金的价值施加任何影响将是非常不正确的。黄金供给总的来说必须被认为依赖于世界黄金累积存量及其年产量，后者反过来在某种程度上受黄金购买力的影响，但在其他方面则取决于自然条件。另一方面，我们能对黄金需求——也就是说，对通常被描述为货币需求的那种需求的重要部分——施加非常大的影响。由于流通金币的使用现今已被普遍暂停，这种货币需求几乎只包括纸币发行银行的黄金储备需求。对这些需求的一个适当限制不能说在一项合理的货币政策的可能性之外。相反，它恰恰是使世界恢复稳定的货币状况所必须追求的那种政策的重要的一部分。美国联邦储备银行近年来已经吸纳的异常庞大的黄金库存所意味着的一个不断上升的黄金需求，进而不断增加的黄金价值，正如我们所看到的，已被证明是金本位制恢复过程中出现困难的主要原因之一。若未来黄金要获得任何价值上的稳定，则中央银行应在适当地限制它们的黄金储备需求中彼此合作绝对是至关重要的。这些需求必须不能太小，但它们也不能太大；它们必须以合理的方式不断适应于市场情况，以便能维持几乎不变的黄金价值。今后，这实际上将成为大国中央银行黄金政策方面最重要的要求。它们保持一个黄金储备的真正目的将主

要是可由此带来的世界黄金市场的稳定。

黄金价值的稳定需要作为世界最大货币性黄金储备持有人的美国和作为黄金自由贸易与国际支付体系旧中心，以及控制很大一部分世界黄金生产的英国之间的合作。这样的合作自然会通过认识到最实际的目标——恢复英镑和美元之间的旧平价——得到高度推进。有必要把关注点转向对这种平价的维持，而这后来被证明是延续遵循这里表明的思路的这种合作的一个自然保证。

对于具备多少有点固定的汇兑条件的其他国家，这项政策将为金本位制的恢复提供可能性。在某些特定的情况下，如在瑞典、荷兰和瑞士，这可以在旧平价上实现。在其他情况下，降低旧平价同样是有必要的。不论哪种情况，恢复金本位制的途径都在于通货内在购买力的稳定——也就是说，在于维持某个固定的物价水平。若这一物价水平能保持在如我们此处假定的盎格鲁—美国(Anglo - American)物价水平这么低，则一国相对于英镑和美元的旧汇率便能得到恢复，且该国可能会恢复一个符合战前标准的金本位币。同理，若未来的稳定物价水平(比如说)处在两倍于盎格鲁—美国物价水平的高位，则新金本位制将不得不满足于一个与旧金平价的一半相一致的金平价。这种降低金平价的理念迄今为止遭到了顽固的反对。但这无疑将是一件非常糟糕之事，若在后来，一旦转向金本位制的外部条件开始出现，一国应凭借任何错误的抱负动机，允许自己被阻止迈出恢复那种仍比一切都合理和必要的汇兑条件稳定性的决定性的一步。

但是，很明显，这种抱负仍是一个有待认真考虑的障碍。在国际商会(ICC)1921 年夏于伦敦召开的会议上，我对继续主张一项

着眼于在遥远的未来的某一时间将通货提高至其同黄金的之前平价的通缩主义者政策的危险提出了警告。显然，这些危险的存在远比会议表决时体现出的更加广为人知。但事实是，没有国家的代表愿意公开承认他们的国家必须降低其通货对黄金的平价，即使那些在银行业和宏观经济政治领域身居要职者私底下可能会非常坦率地承认这点。对此，正如在许多其他战后政治领域一样，公众观点允许其自身被幻觉和言辞粉饰支配了太久。现在，是时候开始冷静看待我们必须处理的现实问题了。

至于那些货币单位价值已跌至战前价值1%—2%，且国家财政仍建立在通货膨胀基础上的国家，稳定无疑是一个极其困难的问题。给出削减开支以便在支出和实际收入之间建立一个均衡的建议容易，实施起来却很难。过去几年的经历似乎很好地教会我们，一个实际上已开启通货膨胀下行通道的国家将发现很难停下来，而且通货膨胀和国家支出有一个非常明显的彼此扩大趋势，以致情况变得越来越严峻。

在诸如这里提到的情况下所采取的方式和手段，大体上在必须局限于纯粹的货币问题的讨论范畴之外。当然，首要条件是恢复一个真正的和平，取消外国政府在战争期间所签订的债务，或者至少部分地削减这些债务，并给予债务国一定的暂缓偿付期，以使其能有时间恢复本国的经济基础和创建一套稳定的货币体制。只要这一首要条件未被满足，许多欧洲国家就不得不继续采取通货膨胀的方式，且因此越来越深地陷入财政困境。大量国家货币体制的这种不断恶化，如过去一年的经历至今已让每个人完全清楚的那样，对于所有的周边国家，而且事实上对于整个世界，都是一个会引起非常严重的不便利的问题。国际贸易遭受着最剧烈的本质上无法估量的干扰，同时个别国家的整个生产组织经历着涉及巨大的经济损失并使本国数十万——即使不能说数百万——工人陷入失业的危机。政客和金融家往往把目前的萧条说成是一个像以往所有的关键节点一样的迟早会达到转折点的节骨眼。但若目前的事态主要应归因于采取了错误的政治做法，则事实上毫无理由希望情况会在这项政策完全撤销之前出现任何改观。倘若要对任何目的有用，这便是讨论欧洲经济前景的首要条件。

现在，假设这个外部条件已经得到满足，拥有不健全通货的国家仍需理顺它们的国内财政。在大多数情况下，这些国家很可能无法通过自身的努力来解决该问题。在某种程度上把它们当作殖民依赖关系或许将被证明是有必要的，在这种依赖关系中，外国管理下的国外资本被用于重建通信系统，以及鼓励沿循合理进步的途径使用现有的自然资源。对惨遭毁灭的国家而言，意识到这种必要性，且乐意就重建工作实际上唯一可行的形式进行合作，尤其是通过建立诸如使该项工作得以开展之必要条件等的法律保障，具有特殊的重要意义。为了整顿通信系统，在相当大的规模上组织企业对实现经济要求而非政治界限作出调整将被证明是必要的，这将意味着它们的活动同时朝几个国家扩展。

在这样的条件下，也许有可能成功地制止通货膨胀，并在旧货币体制的废墟上创建一套其货币单位可能固定在旧单位的 10% 或 100%，或任何这样的比例之上的稳定的货币体制。但也有可能旧通货不得不被完全废弃。若它已贬值到这样一个程度，以致失去了对它的所有信心，且没有固定的价格可以说能继续存在，则试图维持它的决心将微乎其微。与旧债权有关的困难由此也就得到了处置，它们事实上已经毫无价值。在这种情况下，它成了一个建立和旧基础没有任何关联的全新基础的问题。处于这种情况的国家很可能无法在没有帮助的情况下创建一个全新的货币体制。对此，他国的协助将必不可少。那些其责任将是组建新货币体制的人，必须完全独立于国家相关权威部门及其财政要求开展行动。在陷入困境的国家引进一种外币，或至少使之充当该国新货币制度的基础，显然是一件很自然的事。这样的一场运动已经自然而然地开始了。在陷入困境的国家，商业正越来越多地受到外币的影响。但是，为了获得真正的成功，必须要有一个得到外资和外国组织支持的，把为相关国家提供有用通货当作其直接目的的机构。这样的机构最终是否应将其活动同时扩展至若干个陷入困境的国家，目前还是一个未解决的问题。

关于应该为一个陷入困境的国家选择哪种通货来创建新货币体制的讨论，有时是相当多余的，且往往都很幼稚。唯一必不可少的是，新通货的管理方式应能使其获得一个固定的价值，且由此可能同英镑或美元维持某一确定的平价。仍在稳定流淌的关于世界通货的计划之流，除了显示公众对外汇问题之纯粹货币意义的理解多么微乎其微外毫无意义。

这便是稳定问题的大致轮廓，现在只剩下更详细地讨论它的某些特征了。为此，我必须提到我在我的备忘录，特别是第二份备忘录中关于这一问题的论述，且这里只是加入了当中已讨论过的见解，它们似乎需要得到阐明，或者说反对意见使我有必要给出进一步的解释。

我给稳定世界汇兑条件提出的建议所招致的最大反对，似乎是为每个特定国家事先确定一个被认为是正常的，且尽可能维持不变的物价水平的观点。人们反驳道，这样的一个目标将是乌托邦，无论如何纸币发行银行都缺乏将其付诸实施的手段。该论点很好地吻合了以下提示，即那些强烈要求恢复战前物价，以及那些在要求恢复旧的金本位制中实际上要求恢复一个对应于美国的物价水平的人所设定的正是类似于这样的一个目标。同样值得指出的是，一个在金本位制几乎仍盛行于全世界时决定维持其通货对黄金之平价的国家，事实上是决定坚持某一固定的物价水平。这样的物价水平控制是确保一种通货对黄金之平价的唯一方法。金平价需要某一固定的物价水平。倘若物价水平大幅偏离这个正常水平，则世界上没有任何大国能维持金平价。要是哪国（比方说）通过一项过度宽松的信贷政策，使其物价水平大大高于正常水平，则黄金必定会流出该国，且要是该国未能纠正其信贷政策，则全世界的黄金储备再多，也不足以维持该国的金本位制。导致人们设想不需要对金本位制下的物价水平进行调节的，仅仅是缺乏关于金本位制本质特征的清楚认识。这可能并非显而易见，因为保持以黄金支付的必要性，迫使对这样一项信贷政策的追求不断倾向于使物价水平与正常水平相一致。若一国不具备金本位制，但却想采取这样的本位制，则这样做的唯一途径便是使物价水平固定。物价水平的不变性是可能使该国保持一个相对于已拥有金本位币的国家的几乎不变的汇率的唯一要素。

对于官方宣称国家外汇政策应确定的物价水平的可能性，人们尤其表示出了怀疑。对此，我同样只能回复说，这正是人们在声称 1914 年的物价水平或美国目前的物价水平满足考虑中的目标时的做法。这也是每一个转向金本位制的国家在早期不得不采取的措施,它们必须事先确定一个与世界物价水平相符的物价水平。即使这种观点未得到清楚陈述,它也隐含在涉及向金本位制过渡的计划条款中。事先宣布这项政策将面临的限制和它所希望达到的目的极为重要,特别是在一个追求通缩主义者政策的国家。无止境的通货紧缩,即不断压低物价水平,绝对是愚蠢透顶的,当然也完全是灾难性的。工业生活不可能恢复必要的信心,除非明确宣布行政部门至少没有打算使物价降到某个固定的水平之下。

从银行家和财经媒体——特别是英国的——的各种陈述中,我发现我的建议一直被认为代表着金本位制恢复计划的某种对照物。据称,金本位制是一个固定点,且英国不会受诱惑以通过对固定通货购买力的推测而放弃其恢复金本位制的目标。实际上,并不存在这样的对照物。在不影响通货本身购买力的某些稳定性下,恢复金本位制是极不可能的。

使目前的问题比以往任何时候都更加困难和远为广泛的是,现在黄金本身的价值必须在向金本位制的任何过渡是可能的或合理的之前达到某种程度的稳定性。首先,这预先假定了美国的物价水平稳定在某一价格指数上。对于英国而言,其预先假定,如上文所示,英国的物价水平在相同的价格指数上保持稳定。问题的本质清楚地显示了英国和美国之间共同合作的必要性。若人们断言这超出了可行性边界,则他们必须说明通过什么方式他们认为有可能在英国恢复金本位制。至于其他国家,恢复金本位制的问题同样首先涉及选择一个被认为有可能维持的物价水平,其次是选择一项真正能给这一物价水平带来稳定性的金融和银行政策。通货对黄金的平价将取决于由此而确定的物价水平。

另一方面，世界汇兑条件的稳定显然不能如人们有时试图想象的那样，通过各个国家现在同时企图稳定它们的汇率实现。通货内在价值的稳定必须首先被考虑到。在这方面各国可以确定任何它喜欢的作为目标。但是，将无法控制相对于另一个国家的汇率，只要该国尚未使本国通货的内在价值实现稳定。若恢复某一确定的汇率被认为是可取的，则这只能通过某种类型的国际合作来实现。

而且，人们必须学会意识到，稳定物价水平会阻碍所有降低物价水平的进一步努力。奇怪的是，我们仍然远未意识到这一事实。我们常常把上述物价水平的稳定和逐步下跌共同视为货币政策的目标。当一国下决心稳定其物价水平时，它必须断然放弃把物价下跌本身当作旨在实现的目标，且必须完全摒除 1914 年的物价水平无论如何可充当未来正常物价水平的想法。这意味着彻底脱离可在坎利夫委员会的提议中找到表述的关于前一年不兑换的纸币流通量的平均值应作为下一年最高上限的论点。我并不怎么关心这个特别的建议，正如隐含在上述提议背后的同物价水平未来发展应实现的目标有关的普遍观点一样。一旦某国已决定把某个确定的物价水平当作正常的物价水平，该决定在物价水平碰巧第一次跌到正常水平之下时必定不能被改变，也不能尝试将新的更低的物价水平设定为正常水平。因此，物价降至正常水平之下也必须被消除是稳定政策的一个条件。现在，情况的变化和伴随它们而来的物价水平波动，并不能完全被避免。故此，总会有物价跌到正常水平之下，从而银行政策必须试图提高物价水平的时候。越早实现这样的目标越好。过去一年所有国家的银行政策中，最严重的失误似乎应归因于太晚才采取了必要的措施。当物价显露出一个明确的上涨趋势时，采取一项限制性银行政策的时机便已成熟。我还要补充说，提高物价水平的这些努力只能是银行行政部门的一项职能。若国家当局想乘此之机再次启动一项依靠通货膨胀为政府支出筹资的计划，那将是极其危险的。

我要指出的是，银行政策必须由此作出自我调整，以便忽而提高物价水平，忽而又降低物价水平——这在某些方面似乎已带来了一些惊喜。但是，这种观点并无新意。即使在正常情况下，一项健全的银行政策也必须遵循这些思路实施。唯一的区别是，物价水平的波动现在如此剧烈，且现在每个国家必须独立考虑它希望使物价稳定在什么水平，而在正常情况下，这一问题将取决于黄金的国际购买力。

在我第二份备忘录的讨论中，我提出的问题和是否完全有可能在同时不带来一个通货紧缩的情况下制止通货膨胀有关。提出这个问题是完全合理的。为结束一个严重的通货膨胀而必须采取的措施必然具有如此强有力的特征，以至于它们很容易引起伴随着一个多少有点剧烈的通货紧缩的反应。这正是为何现在如此难以立即实现一个稳定的物价水平的原因之一。稳定只能逐步实现。但为了彻底实现它，行政部门在抵制物价的任何上行趋势时，必须使自己随时准备好修正其力图引起的下行趋势。

最后，必须强调以下事实，即稳定政策不能只关注特定的价格组别，如批发价格。相反，稳定必须扩大到所有的价格上，甚至包括工资的稳定。在正常情况下，价格的自然形成总是倾向于在不同价格组别之间形成一个特定的经济均衡。这种均衡的基本条件是生产价格与生产成本相对应——也就是说，对应于生产该商品所必须支付的价格总和。这个条件目前在大多数国家似乎远未得到满足。1921 年，批发价格在许多情况下跌过了头，以致它们达到了远低于生产成本的水平。在这种情况下，通过提高已生产商品的价格，或者通过降低工资和其他生产成本作出调整至关重要。若名义工资的大幅下降可能伴随着非常严重的困难，则在选择有望于未来被确定为正常的物价水平时，必须适当考虑到这样的偶然性。政客们通常试图将各种观点之间的这种必然联系排除出自己的脑海。谈论工资削减是不合时宜的，该主题被刻意地回避。人们仍然充分准备好了坚持本国通货将出现一个改善的预期。这就像是一个徒劳的捉迷藏游戏。当务之急是所有国家和所有阶层都必须学会面对现实。无论如何，没有任何理由可证明以下观点，即把工资维持在一个相对高于商品价格的水平是可能的。事实上，这将意味着劳动生产力通过 1914 年以来我们已遭受的干扰得到了提高。但是，没有人曾严肃地支持这样的理论。

在向金本位制的实际过渡上，仍需增加一些备注。金本位制的恢复和维持取决于其相对顺序和重要性我们必须加以明确界定的特定条件。基本条件是通货的购买力保持在黄金购买力的某一水平上。其次是以黄金兑换纸币。在重要性上排在第三位的，作为这种兑换切实可行的一个保证的，是对承兑纸币的特定黄金储备的需求。特别是对中央银行而言，存在一个颠倒这种优先次序，并使维持一定量的黄金储备成为最主要点的很奇怪的倾向。事实已经到处证明，中央银行之所以拒绝兑换它们的纸币，并非因为它们没有可供兑换的黄金，而是因为一旦这样做，它们的黄金储备头寸将降到规定的或合意的份额之下。根据这一荒谬的看法，人们普遍认为，最好能通过在央行金库里积累尽可能庞大的黄金库存，来为恢复金本位制铺平道路，同时兴趣也完全被这种次要的考量所吸引，而本质点——即通货内在购买力相对于某一固定的黄金内在购买力的稳定——却完全被忽视；事实上，人们甚至宣称该问题的解决实属央行职责范围之外，而且央行也缺乏处理它的手段。

国际金本位币体系的恢复在目前的节骨眼上，正如前文论述清楚显示的，涉及黄金价值本身在某种程度上必须首先稳定的额外困难。鉴于此，关于黄金需求的一些限制是很有必要的。但若央行在它们积累尽可能庞大的黄金库存以便为恢复金本位制做好准备的措施上相互竞争，其结果只能是黄金价值以某种和对一个固定的黄金价值的基本需求完全不相容的方式被迫上升。任何再次引入黄金流通的尝试都将产生同样的效果，因而必须对朝此方向的所有努力不断提出警告。作为一个与我关于过剩的黄金需求所包含的危险的论述相对立的论点，人们已经指出，绝大多数国家现今过于贫穷，以至于不能获得黄金，因而不存在需求变得过大的危险。但是，面对 1920 年春至 1921 年春期间发生的黄金价值的大幅上升，几乎没有任何机会再次从该角度来考虑这个问题。支撑黄金价值这种上升的主要因素之一是美国联邦储备系统银行的巨额黄金积累，而且这种积累与该国一场严重的经济萧条同时发生。

对恢复金本位制而言，黄金价值现在并未出现不必要的升高

显然是很重要的。同样明显的是，为了实现这一目标，有必要对属于西方文明的国家的货币需求进行限制。这只是一个从长远来看是否有可能维持（相比于中东的黄金需求）黄金现值——尽管它最近出现了上升，但仍旧远低于战前所盛行的价值——的问题。在过去一年中，亚洲负担不起购买大量黄金的支出。但这种情况发生变化并非不可想象，如此一来，西方文明国家将面临它们是否有能力通过减少自己的货币性黄金需求来满足东方的黄金需求，或者它们能否找到任何方式来减少东方的黄金需求的问题。就这一点而言，如我之前已指出的，人们首先必须想到采取积极的努力，以便开拓东方人对实物商品的需求，从而使这些国家不再发现它们自己能承担获取如此大量黄金的支出。

在每个单独的国家遵守这里给出的恢复金本位制必须考虑的条件顺序是很重要的。因此，它首先是一个使物价水平与将要引进的金本位制相一致的问题。有时人们会力促——尤其是在瑞典——不考虑这一首要条件，以黄金兑换纸币应立即被恢复。但这是荒谬的。若物价水平确实大大高于维持金平价有保障的水平，则黄金储备再多也不足以应付立即恢复拿纸币兑换黄金的做法将产生的黄金需求。若这种黄金兑换确实充分有效，其结果只会是少数人把国家的整个黄金储备据为已有，且从中获取可观的利润。因此，该国将完全无望实现其恢复金本位制的目标。那些建议采取这种政策的人很自然地设想，黄金的流失将被证明是迫使央行减少纸币发行量和压低物价水平的最有效手段。依靠这样的强制措施几乎不能被认为是合理的。至少，我们将先看看一种更直接的方式能否为央行提供更合理的管理。

如我在我的第二份备忘录中所详细解释的，一个欧洲小国几乎不可能凭一己之力恢复以黄金兑换纸币的做法。由于目前汇率的大幅波动，这种努力很容易被证明非其之力所能及。因此，以黄金兑换纸币可能不得不在多个国家同时被恢复，而且英国将起到带头作用貌似是几乎不可避免的。为使一国能满足金本位制下可能证明自己是合理的黄金需求，一个相当大的经济实力储备将是必需的。只要伦敦作为一个自由的黄金市场，随时准备满足这些需求，小国似乎就能着手将它们的通货无条件地兑换成黄金。针对这一点，有人反驳道，一国随时都可以将其纸币兑换成黄金，只要它的黄金储备得到维持，而且黄金储备的流失并不代表着该国任何的经济损失。唯一可能的答案是，由此将不能给金本位制的维持提供任何保障。现在恢复以黄金交换纸币只会被迫在后来暂停它的观点，几乎不能代表一种被认为是恢复在目前的关键时期最迫切需要的自信的处理方法。另一方面，那些希望实行金本位制的国家，在某种程度上显然必须使它们自己对黄金需求及时被满足共同负责。若其中的任何一国拒绝拿它们的黄金储备应付这种需求，唯一的结果便是其他国家的需求将更加严重地下降。

进一步，金本位制在一国的有效维持，不仅要求黄金能够兑换该国通货，而且要求该国做好以一个固定价格无限制地接受黄金的准备。因此，只有黄金在多个国家被不断接受，才能获得抵抗黄金价值剧烈下跌的足够保障。因而，所有实行金本位制的国家对黄金价值通过始终确保一个自由的黄金市场得到维持共同负责。那些宣称他们的目的是恢复金本位制的人必定不能从一开始就推卸这项责任。但这正是 1922 年 2 月瑞典央行在美元汇率出现一个暂时性下跌的压力下所尝试的做法，该行要求继续豁免其以一个固定价格购入黄金的责任。根据刚刚讨论的观点，这项政策已经招致责难，但它在其他方面也是不明智的。若在欧洲任何国家，市场情况应有机会通过将黄金吸引到本国获得发展，在目前情况下加强其黄金储备由此只能被视为一个有利条件。很容易到达一个时点，此时这些额外的储备——还有其他更多的——被迫切需要，以便该国能毫不犹豫地以黄金兑换其纸币。在接下来的几年里，一个金本位制国家无疑将不得不为远比战前时期曾发生的剧烈的本国黄金储备波动做好准备，而且必须意识到，焦虑地固守调节黄金储备的旧规则将不再被证明与一项合理的货币政策相容。只有已恢复金本位制国家的央行无条件地准备好严格根据市场情况的需要接受黄金和抛售黄金，黄金价值所需的稳定性才能实现。这样的政策从长远来看将给黄金市场带来稳定，并由此将黄金储备限制在更正常的比例上，而妨碍黄金自由运动的任何尝试都必然会对黄金市场的稳定性产生影响。

近来，“金汇兑本位制”的理念在讨论中被频繁提及。若通过它意指欧洲国家应在不因此目的而在流通领域引进黄金铸币的情况下转向金本位制，则该理念完全符合我对目前恢复将给世界黄金存量带来过度严重需求的实际黄金流通提出警告时所表达的观点。正如我经常指出的，金本位制的本质要素是黄金具备以本国通货计的固定价格——也就是说，在略微偏离既定平价的比率上是可供购买和出售的。为维持这样的金本位制，持有一个黄金储备可能是权宜之计。但有效的金本位币（如美元）的盈余，在大多数情况下也能满足同样的目的。因此,引进金汇兑本位制本身需要世界黄金存量进行一个新的分配——其中,特别是美国,将不得不舍弃它们过于庞大的黄金储备中的相当大一部分——几乎不可能是合理的。可以说,对于财政着实疲弱的欧洲国家,几乎不需要为了在后来建立一个井然有序的经济生活而通过积蓄大量的不计息黄金来背负额外的国外债务。最主要点在于,一种通货的购买力与美元的购买力保持一个固定的关系。再多的黄金储备也不会使这个首要条件显得多余;而如果该条件被小心谨慎地满足,则在大多数情况下,一个相当适度的黄金储备或许便能完全满足所需。因而,即使在处理这一问题时,我们也能认清反对关于黄金储备之重要性的旧有迷信多么有必要。一项明智的稳定政策取决于世界能否摆脱以下迷信观念,即黄金储备能为通货提供一个因本国支付手段供给存在明确的稀缺性而不具备的价值。

许多人反对所有的——即使是构思最合理的——恢复正常汇兑条件的计划,他们提出异议认为,采取人为的补救措施毫无用处,必须允许事情按它们自己的进程发展,而且时间本身便能修复已造成的损害。这是一种体现在此类言论中的相当廉价的智慧。任何仔细研究外汇问题的人很快就会发现,国家当局或中央银行要避免对世界货币体系施加影响几乎是不可能的。不管通过什么方式,政策总是会影响它的发展。是否确有任何理由称这种影响是自然的,当它未经深思熟虑或受制于有害的政治动机时;同时把它描述成是人为的,当它只是为货币问题提供一种合理解决之系统性努力的链条中的一环时?所有的文明都代表着人类战胜困难而非被动地任由自己被困难压垮的一种强大努力。眼下,文明的未来在很大程度上依赖于这种勇于征服以便能在货币领域为自己辩护的核心意志。

图书在版编目(CIP)数据

1914年以后的货币与外汇/(瑞典)古斯塔夫·卡塞尔著;姜井勇译.—北京:商务印书馆,2024
(汉译世界学术名著丛书:120年纪念版:珍藏本:增订本)
ISBN 978-7-100-23825-0

Ⅰ.①1… Ⅱ.①古…②姜… Ⅲ.①汇率—研究 Ⅳ.①F830.73

中国国家版本馆CIP数据核字(2024)第079285号

汉译世界学术名著丛书
(120年纪念版·珍藏本·增订本)
1914年以后的货币与外汇
〔瑞典〕古斯塔夫·卡塞尔 著
姜井勇 译

商务印书馆出版
(北京王府井大街36号 邮政编码100710)
商务印书馆发行
北京新华印刷有限公司印刷
ISBN 978-7-100-23825-0

2024年5月第1版 开本 710×1000 1/16
2024年5月北京第1次印刷 印张 14½
定价:80.00元